新时代"大思政课"系列丛书　（第一辑）

丛书主编　邢云文

王翙——编著

打造行走的音乐思政课

用艺术的力量感染人

上海交通大学出版社
SHANGHAI JIAO TONG UNIVERSITY PRESS

内容提要

  本书介绍了上海音乐学院"行走的音乐思政"这一创新教学模式,从其理论发端与发展历程切入,通过阐释音乐教育与思政教育有机结合的机制建设与相关案例,重点论述其对教创演研一体化育人机制的赋能作用,展现艺术院校开展课程思政的实践成果。上海音乐学院通过艺术创作、社会实践、校地合作等形式,探索美育与德育的多种融合路径并总结有效经验,以供相关教育工作者参考。

图书在版编目(CIP)数据

打造行走的音乐思政课 :用艺术的力量感染人 / 王翾编著. -- 上海 :上海交通大学出版社,2025.7.
(新时代"大思政课"系列丛书). -- ISBN 978-7-313
-32797-0

Ⅰ. G641

中国国家版本馆 CIP 数据核字第 2025N2N632 号

打造行走的音乐思政课
——用艺术的力量感染人
DAZAO XINGZOU DE YINYUE SIZHENGKE
——YONG YISHU DE LILIANG GANRAN REN

编　著:王　翾

出版发行	上海交通大学出版社	地　　址	上海市番禺路 951 号
邮政编码	200030	电　　话	021-64071208
印　制	常熟市文化印刷有限公司	经　　销	全国新华书店
开　本	880 mm×1230 mm　1/32	印　　张	5.75
字　数	123 千字		
版　次	2025 年 7 月第 1 版	印　　次	2025 年 7 月第 1 次印刷
书　号	ISBN 978-7-313-32797-0	音像书号	ISBN 978-7-88941-460-9
定　价	48.00 元		

丛书序言

2021年全国"两会"期间,习近平总书记在看望参加全国政协会议的医药卫生界教育界委员时,对时任上海交通大学校长林忠钦院士关于"大思政课"的建议作出回应时指出:"'大思政课'我们要善用之,一定要跟现实结合起来。"

善用"大思政课",必须准确把握其"大"的特点,不断丰富"大思政课"的内容、途径、载体,有效凝聚学校、区域、社会协同育人的强大合力。上海交通大学深入贯彻习近平总书记重要指示精神,强化问题导向和系统思维,持续构建大中小学一体化、校内外一体化、知信行一体化的"大思政课"工作格局,推动上海"大思政课"建设整体试验区(上海交通大学-闵行区)建设走深走实。一方面,充分发掘党的创新理论与新时代伟大社会实践中蕴含的丰富育人资源,把学校小课堂与社会大课堂贯通起来。以学校的理论优势、知识优势、人才优势辐射试验区,将试验区联合单位在新时代改革创新中的鲜活实践提升到理论层面,转化为生动的育人资源,打造大学牵引、区域联动、大中小学贯通的"大思政课"建设大系统。另一方面,明确"大思政课"建设是一个协同育人的整体性工程,注重顶层设计和整体规划。破除传统思政课教学、教材、教师的思维定式,对教育理念、内容、方法、载体等进行系统性改革和全方位重塑,减少各部门各自为战的情况,逐步形成"大课堂""大平台""大师资"建设的内生动力和实践机制。

　　本套丛书是上海"大思政课"建设整体试验区(上海交通大学-闵行区)的工作成果,由多位长期从事思政教育的资深专家、身处教学一线的青年教师等共同编纂撰写,内容涵盖了系统性的教研思考和针对性的对策建议,准确把握思政课程与课程思政建设的内涵要求,创新探索场馆育人、空间育人、实践育人等外延领域,体现了学校课堂与社会"大课堂"的有效衔接、理论课本与鲜活"大教材"的有机统一、教学循环与育人"大循环"的有力协同。希望丛书的出版,能够为进一步深化新时代"大思政课"建设理论和实践研究提供借鉴,为着力培养担当民族复兴大任的时代新人贡献交大经验和交大智慧。

2024 年 2 月 29 日

引　言

　　"大思政课"理念内涵丰富,为新时代创新大学生思想政治教育指明了方向。把"大思政课"讲得有温度、有力度、有效度,更好地培根铸魂、启智润心,是新时代思政教育的具体要求。习近平总书记强调,思政课是落实立德树人根本任务的关键课程。要把立德树人融入思想道德教育、文化知识教育、社会实践教育各环节。加强实践教学,拓展立德树人的时空广度,有助于更好引导青年学生在实践中学到真知识、练就真本领、解决真问题。

　　"大思政课"之所以称为"大",是因为从课程观层面来看,它包含"大课堂""大教学""大教材""大先生"和"大时空"等"大课程"要素。它要求思政课从传统课堂延伸至社会场域,实现"在课堂中讲"和"在社会中讲"有机结合,充分运用社会"大课堂",讲好新时代党和国家伟大事业所取得的原创性思想、变革性实践、突破性进展、标志性成果,引导青年学生坚定马克思主义信仰、提升理论水平、传承革命传统,增强在广阔的社会实践中敢于有梦、勇于追梦、奋力圆梦的使命感和责任感。为此,思政课教师必须具有观察社会现实的"大视野",努力做人格、品德、学业上为人表率的"大先生";教学内容要立足"两个大局",讲深讲透讲活在中国土地上进行社会变革和实践创新背后的"大道理";教学环境要实现全社会各方参与的"大协同",发展完善全员全程全方位相互协同的育人格局。

"大思政课"理念为艺术教育与思政教育融合指明方向。"大思政课"遵循思政课铸魂育人的价值取向,强调"社会即课堂"的现实观照。在这一理念指引下,艺术思政从思政课程到课程思政,实现全员育人;兼顾学科与跨学科,推动全科育人;着眼学生未来,为其终身发展奠基,贯彻全程育人;既关注学校"小课堂",又重视社会"大课堂",探索全方位育人。

作为艺术教育与思政教育有机融合的载体,艺术院校充分发挥跨艺术门类的融合优势,在美术、设计、戏剧、音乐、舞蹈等多元艺术形态中嵌入思政元素,将价值引导转化为思政体验,构建"以美育德"的浸润式教育范式。作为艺术院校的重要分支,音乐院校精耕听觉艺术领域,是聚焦声乐、器乐、作曲等专业系统研究与人才培养的专业艺术院校。音乐院校的育人实践,不仅遵循艺术院校的一般规律,还通过音乐语言的情感穿透力和文化渗透力,为美育和德育的融合发展开辟独特路径。而这种学科广度与专业深度的辩证统一特征,也映射在艺术思政和音乐思政的"大思政课"育人实践中。艺术思政建立于综合艺术形态共性审美的思政内涵提升之中,强调多感官协同的价值内化。音乐思政则依托旋律、节奏、和声等要素的强大情绪调制能力,在艺术思政框架内实现价值观共鸣的感染渗透与强化提升。在新时代艺术教育与思政教育有机融合的育人实践中,艺术形态的分野被进一步打破,涌现出越来越多跨艺术形态、跨学科门类、跨院校专业特色的综合育人要素整合,自觉将思政元素融入课程、创作、展演和研究的全过程,构筑"以美育人、以美化人"的有机体,用多样与融合的美育载体服务立德树人根本任务。

　　上海音乐学院(以下简称"上音")在全国艺术高校中率先推进以思政课建设为核心的课程思政教育教学改革,大力探索结合专业特色的音乐思政创新模式。"行走的音乐思政"以习近平新时代中国特色社会主义思想为指导,充分发挥艺术以情感人、以文化人、以美育德的特殊功效,着眼高校思政课教学、课程思政建设及日常思想政治教育,探索发挥专业优势、融通学科建设的模式,深入推进高校美育与德育的有机融合,推进新时代高校思想政治工作创新发展。在课堂教学和艺术实践中探索培养德艺双馨、红专兼备、国际视野、全面发展的拔尖创新音乐人才,积极推进专业课程思政化,探讨用音乐辅助思政课的教学新模式,注重和发挥融入式、嵌入式、渗入式的立德树人协同效应,用思政为音乐注入灵魂,用音乐为思政插上翅膀,发挥音乐的美育功能,利用音乐的传播特性,涵养良好的育人成效,以实践回应"培养什么样的人,如何培养人,为谁培养人"的首要问题。

　　上音聚焦"教创演研一体化"人才培养体系,形成从肇始于创作、呈现于实践、功成于教学并最终转化为教学成果的螺旋式上升的人才培养新范式,创新推动拔尖人才培养。上音艺术实践是学校立德树人根本任务与教学科研活动的延展,承担着树立上海城市文化艺术标杆、服务上海城市精神与文化艺术软实力、深化中国优秀文化传承创新、整体提升学校的综合实力和学科竞争力的历史使命。

　　本书以习近平总书记有关高校思想政治工作和文艺工作的重要论述为根本遵循,主要内容包括:① 高校艺术教育与思想政治教育有机融合的历史与现状(现实依据);② 高校艺术教育与思想政治教育有机融合的路径、方法与案例（实施方案）；③ 高校艺术教育与思想政治教育有机融合的评价和发展（保证机制与展望）。为此，本书内容主要聚焦于以下三个方面。

聚焦重要讲话与育人需求。把握高校思想政治教育的本质、特点、规律和意义，探讨艺术教育与思想政治教育有机融合的路径和方法，即必须将其置于习近平新时代中国特色社会主义思想的体系之中，进一步学习贯彻习近平总书记关于学校思想政治工作的系列重要讲话精神，从本质上将其视为马克思主义中国化进程中与中国具体实践（高校思想政治工作）相结合、与中华优秀传统文化相结合的产物；必须结合"两个大局""两个一百年"的历史背景与时代要求，把握新时代育人与思想政治教育理念，领会艺术教育与思想政治教育有机融合的要义，满足培育中国特色社会主义接班人的育人需求。

聚焦教育实践与育人规律。创新高校艺术教育与思想政治教育有机融合的教学体系与内容形式，必须立足中国高校教育实践，总结艺术教育与思想政治教育育人规律。通过深入高等艺术院校广泛调研，总结高校艺术教育与思想政治教育有机融合的成功案例，探寻艺术教育与思想政治教育有机融合的特点和规律。探索构建艺术教育与思想政治教育有机融合的教学体系，根据新时代高校思想政治工作的要求、高校师生实际需求，确立艺术教育与思想政治教育有机融合的具体内容和方法，建立效果评价体系。

聚焦艺术特性与育人路径。认识和把握高校艺术教育与思想政治教育有机融合的基本内涵和特殊规律，必须充分认识艺术教育"以情感人、以文化人、以美育德"的特殊功效。一方面，根据不同艺术形式的特点和规律,探寻艺术教育与思想政治教育有机融合的方式和方法,发挥不同艺术形式育人功效;另一方面,需要创新育人途径,通过具体文艺作品,增进青年学生爱国主义精神以及对中华民族共同体意识的感知,在美的体验中形塑集体记忆,生成与祖国同行、与党同向、与民同心的情感和文化认同。探索形成"思政课—艺术教育课程思政—艺术实践—线上线下"的圈层体系,把教育内容、德育目标、个性需求相结合,合理配置思政要素和艺术资源,培育青年学生成为中国特色社会主义接班人的自觉意识。

通过着眼高校思政课教学、课程思政建设及日常思想政治教育并结合具体教学案例,本书尝试探讨高校艺术教育与思想政治教育的有机融合,以推进新时代高校思想政治工作创新发展。

目　录

第一章

"行走的音乐思政"：
理论内涵、历史经验与时代意义

    "行走的音乐思政"作为一种艺术院校开展社会实践教学的方式，是引导学生根据自身发展和社会需求，按照课程教学内容和目标，在教师有目的、有计划、有组织地指导下走出课堂，将歌唱表演与理论学习的舞台置于广阔的社会空间，通过感觉器官亲身体验和感受社会"大课堂"赋予的灵感、力量与信仰，教创演研一体推进，获得直接经验，从而提升思想政治教育效果的一种教学方式。

    "行走的音乐思政"突出强调学生的主体性：通过演唱经典红色音乐作品，发挥音乐"以艺感人"的感染力；通过参访、研读、探究红色音乐背后的红色文化与时代故事，发挥思政"以文化人"的领导力。由此，学生对所学的理论知识将有更直接的认识和体会，并通过思考验证所学理论的科学性。同时，艺术教育与思想政治教育的理论逻辑与实践逻辑有机贯通，感性的艺术熏陶与新时代伟大实践有机融合，使学生了解大时代、拥抱大时代、融入大时代。

    "行走的音乐思政"拓宽了思政课教学的育人空间与资源，

将思政教育的空间搬到新时代伟大实践的奋斗现场、红色教育场馆、音乐演出舞台与巡演途中,通过综合运用情景模拟式、赏析讲解式、讲唱演结合式、访谈互动式等教学手段,实现音乐党课的思想性、启发性、指导性、互动性有机融合。通过完善音乐党课的课程设置、体系构建,加强各类教学手段的优势互补,构建专业教师、思政理论课教师、党政干部、行业模范等资源有机协作,促进教育性、艺术性与技术性的统一,有助于将思政教育目标不自觉地渗透到同学们的专业学习、实习、采风等各成长环节当中,实现"润物细无声"的教学效果。

第一节　理论内涵与育人机制

上音在对红色音乐文化与资源进行挖掘整理研究分析的基础上,重点围绕作为党课教育创新模式、思想政治教育创新手段、红色音乐文化涵育文化现象的"行走的音乐思政",开展系统的模式研究与内容分析,从而明确"行走的音乐思政"在推动落实立德树人根本任务中的独特功能和作用。

1. 作为党课教育的创新模式

针对当前高校党课多以理论讲授为主,存在途径不宽、形式单一等问题的情况,有学者研究提出通过将音乐艺术与党的基本知识、党的路线方针政策及中共党史有机融合,以理论讲授与音乐欣赏相结合的方式,增强学习教育的针对性和实效性,从而有效激发党员的学习热情和积极性,增强党员的爱党情怀、党性修养和审美能力。①

　　"行走的音乐思政"以落实立德树人根本任务为核心，以音乐艺术为载体，用丰富的音乐文化激发思政教育的生动性。"行走的音乐思政"必须以马克思主义中国化的最新理论成果为根本遵循，知信行相统一。其教学内容主要涉及宣传党的基本知识和党的路线方针政策，颂扬中国共产党的百年奋斗历程，展现中国共产党领导和依靠人民取得的辉煌成就，歌颂优秀共产党员的崇高品格和先进事迹。

　　2. 作为思想政治教育的创新手段

　　不少艺术类专业通过"音乐党课"的建设与呈现，在提高思想政治工作实效、创新工作手段等方面进行了有益的探索与尝试。"行走的音乐思政"以课程思政改革探索为牵引，挖掘音乐中的思政教育元素，将音乐艺术与党课、思政课有机融合，增强教育实效。

　　近年来，上音紧紧围绕坚定理想信念、传承红色基因，不断创新课程思政形式，开设主题讲座，结合党和国家重大节点开设专题思政课，创新形势政策课"翻转课堂"，开设"音乐党课"，以浸润教育引领师生理解和内化歌曲剧目中蕴含的爱国情怀，增强文化自信，从而更好地面向世界发出自己的声音。

　　3. 作为红色音乐涵育的文化现象

　　"行走的音乐思政"发扬"工农歌咏""抗日救亡歌咏""左翼音乐""边区音乐"中以人民为中心的艺术观，展现红色音乐文化在不同历史阶段涵育的文化现象，立足中华民族伟大复兴的历

① 崔润东，牛巨龙，马云启."音乐党课"：高校创先争优活动学习教育形式新探索[J].高等农业教育，2012(07)：33-35.

史进程,通过党课强调其价值主题,并在学理和实践的交互耦合中演绎发展。①

"行走的音乐思政"不同于实习、志愿服务、支教等社会实践,而是具有探究式、研究性思政实践课程体系的思政育人实践,有助于提升与引导大学生理论自信与行动自觉。

基于上述三重理论内涵,"行走的音乐思政"之育人机制得以显现。

坚持理论与实践相统一,这是马克思主义认识论的根本要求,也是新时代思想政治理论课的基本原则。办好高校思想政治理论课不仅要在理论上教育学生运用科学的理论认识世界,还要在实践中引导学生检验真理和改造世界。这是马克思主义内在的要求,也是思想政治理论课真正发挥育人实效的基本方式,更是让习近平新时代中国特色社会主义思想入脑入心的重要学习环节。

将艺术教育与思政教育有机融合,既有现实需要,也有其理论基础。美是人的本质力量的对象化,美育是一种隐性的德育,也可以说审美教育即一种情感教育。美育对于德育具有价值,且双方相互联系、彼此作用。从中国美育思想、西方美育思想和马克思主义美育观中汲取养分,有助于明确德育与美育交互作用的理论基础与历史渊源。

艺术教育与思政教育具体是如何作用的呢?情感具有中介性、共通感,美育中蕴含理性因素,因而审美教育活动可以从"感美""立美""创美"三个阶段阶梯式推进,由是揭示了审美要素与

---

① 刘杰,陈文革."音乐党课"文化现象及其理论意蕴:基于音乐伦理维度[J].天津师范大学学报(社会科学版),2022(01):115-120.

道德要素的作用过程。首先,在"感美"教育中,通过健全审美情感,学生可以促进道德人格的养成;其中的审美体验可以激发道德情感,美感内容生成的各种审美形态有利于健全优美与崇高的道德品格。其次,在"立美"教育中,审美鉴赏的理性因素使得学生在形成审美思维的过程中实现价值观的建构。具体而言,自主的审美评价可以过渡到道德评价:独立的审美判断促进了道德观念的形成,深刻的审美批判强化独立性人格的养成。最后,"创美"教育作为一种实践教育,有助于在创造审美对象中实现人本质力量的确认、在消除异化中实现人的全面发展、在自由创作中实现人生价值的超越,最终实现美育与德育的共同目标。

认识的根本任务在于指导实践。前述理论分析为美育结合德育价值实现的路径与策略打下基础。首先,根据时代发展需要,应通过培养审美鉴赏能力克服"德而不美"现象,加强思想道德引领克服"美而不德"现象,进而在感性与理性的统一中明辨美丑与善恶。其次,应遵循审美教育规律,从而实现德育的审美价值,其中包含协调自然美、社会美、艺术美的美感生成来源,把握感美、识美、立美、创美的审美活动系统,注重差异性、层次性、倾向性的审美趣味特征。再次,应注重促进施教环境一体化,使"在场性"审美体验最优化。通过积极培育社会审美公德、重点引入德育情景审美化、大力提升家庭生活美学意识,实现优化社会环境、重视学校环境、改善家庭环境,针对性地使"美"有机融入生活与教育各环节。最后,针对当下网络化环境与大众传媒对德育美育的影响下大众传媒的审美指向"感觉弱化"、审美判断力缺失和价值判断标准迷失的问题,应引导大众传媒"重回在场"的审美道德,提升大众传媒的审美自觉以弥补"审美不在场"，增强其价值引导的自觉意识，推动解放人的感官，使人的感性认识能力得到完善。

艺术思政尝试探究德育与美育背后运作机理，给出当下我国在艺术教育与思政教育有机融合问题上的回答：美育能够借用其情感教育的特征，为德性伦理的发展辟出空间，从而将科学、伦理和艺术融为一体。在美育的情感中培养道德理性，实现道德人格的养成，促使每个人都能成为理性与情感相统一的、人性完整的、全面自由发展的人。

第二节　发展历程与实践经验

"从舞台实践中来，到舞台实践中去"是在以技能培养为核心的艺术院校从事研究工作的共识。实践这一环节既是专业教育的内在要求，更是立德树人根本任务的应有环节。"行走的音乐思政"则为艺术教育与思政教育有机融合提供了有益探索。

党的十八大以来，尤其是 2019 年习近平总书记主持召开学校思想政治理论课教师座谈会并发表重要讲话以来，艺术教育与思想政治教育的融合在全国各类高校蓬勃开展，并取得可喜成就。其中，专业艺术院校和综合（师范）大学中的艺术类学院（系）充分发挥学科专长，在思政课教学、课程思政建设及常态化学习教育活动等领域率先走出了一条新的路径。总体上看，进入新时代以来，艺术教育与高校思想政治教育的有机融合已有了很大的创新发展,但也存在一些问题,亟待改进:一是在思想政治教育中选择、引入的艺术资源还需进一步体系化、知识化、差别化,并对其内容作出甄别,党领导人民在革命、建设和改革中创造的革命文艺有待进一步突出;二是在艺术教育中课程思政建设目标、思想政治教育目的还需进一步明确;三是艺术教育与思想政治教育相融合的形式和手段还需进一步多样化、规范化;四是艺术教育与思政政治教育融合的建设目标、内容标准、考评标准还需进一步确立。

艺术教育与高校思想政治教育的有机融合,近年来已成为艺术教育和思政课教学领域的一个热点论题,主要涉及以下几个方面。

一是思想政治教育与艺术教育、德育与美育的关系研究。思想政治教育与艺术教育、德育与美育,最终目的都是立德树人。为此,有学者提出,"立德树人,以美育人",学生德智体美劳的全面发展本来就是人格全面和谐发展不可分割的整体。[1] 尽管德育属于理性范畴、美育属于感性范畴,但美育可以为德育奠定良好的情感基础、增强德育的吸引力和凝聚力,德育在美育中起着保障和引导作用。[2][3] 随着思想政治教育领域跨学科研究的发展,德育美学方法研究受到了学者们的关注,旨在解决德育中育人效果不佳的问题。美育是感性的教育,审美情感可使道德行为准则进入人们内心深处,使外在的社会要求转化为个体

① 赵伶俐. 以美育德[J]. 人民教育,2016(19): 59 - 60.
② 刁华,刘雨春. 论高校美育与思想政治教育的关系[J]. 黑龙江教育学院学报, 2007(12): 45 - 46.
③ 孙薇. 论教学过程中美育与德育的统一[J]. 思想政治教育研究,2011,27(06): 135 - 137.

的内在道德需求,从而使道德认知加速转化为道德行为。这类研究通常将美育作为德育的手段或方法。① 近年,学界还愈发强调德育与美育结合、思想政治教育与艺术教育融合,特别是依托理性教育和情感教育结合、隐性教育和感性教育结合、静态教育和动态教育结合的实践,充分调动教育主体,形成思想政治教育审美合力,提升高校思想政治教育教学实效性。②③④⑤

二是思想政治教育审美化研究。随着思想政治教育学科建设的发展,思想政治教育审美化一度成为研究的前沿问题。早在 20 世纪末,就有学者提出思想政治审美化这一概念,并认为,思想政治教育审美化是思想政治教育审美关系的呈现,是审美原则在思想政治教育中的贯彻和应用,由此提出实施思想政治教育审美化的具体路径:一是要把美育作为思想政治教育的重要组成部分,二是思想政治教育方法美育化。⑥ 近年来有学者延续这一领域的研究,认为思想政治教育审美化主要研究对象是政治思想、伦理规范、人格素质,旨在通过审美化思想政治教育模式,突出人的主体性作用。⑦ 美育融入思政教育兼具中国

---

① 王凤志. 思想政治教育美学方法研究[D]. 大连理工大学,2012.
② 陈章."三个结合":思想政治教育美学方法创新[J]. 教育评论,2014,(12):113 - 115.
③ 董康成,王健,刘珏. 美学视域下提升高校思想政治教育教学实效性研究[M]. 长春:吉林人民出版社,2016.
④ 李瑞奇. 新时代高校思想政治教育审美合力研究[J]. 思想政治教育研究,2019,35(06):93 - 98.
⑤ 刘晓红. 文学美育对大学生思想政治教育的有效渗透[J]. 黑龙江高教研究,2012,30(04):107 - 109.
⑥ 金绪泽,唐娟. 试论大学生思想政治教育审美化[J]. 河南师范大学学报(哲学社会科学版),1989(01):94 - 96.
⑦ 许韶平. 高校思想政治教育审美化解析[J]. 山西高等学校社会科学学报,2013,25(11):83 - 86.

传统修身文化与发展人的社会性两方面内涵。① 思想政治教育离不开审美维度审视,故思想政治教育审美化在对思想政治教育的理性分析基础上,将审美的感性因素寓于其中,使思想政治教育更具生机和活力,从而使审美更具理性和时势性的特征。② 实现大学生思想政治教育审美化,必须不断提高和完善大学生思想政治教育工作者主体美、创建大学生思想政治教育环境美、促进大学生思想政治教育形式美。③

三是课程思政视域下艺术教育课程教学研究。课程思政旨在将高校思想政治教育融入课程教学和改革的各环节、各方面,实现立德树人润物无声。课程思政视域下的艺术教育课程思政,就是寻求各艺术形式中专业知识与思想政治教育内容之间的关联性,并在课程开展的过程中将思想政治教育的相关内容融会于学科教学当中,通过学科渗透的方式达到思想政治教育的目的,即利用和发挥艺术资源的德育功能。④⑤⑥ 艺术院校在推进"思政教育＋艺术教育"的过程中,必须准确把握艺术院校的教育规律、教学特色和艺术专业学生思想行为特征,立足实际

---

① 杜卫. 论美育的内在德育功能——当代中国美育基础理论问题研究之二[J]. 社会科学辑刊,2018(06)：48－58＋213.
② 祖国华. 思想政治教育审美问题研究[D]. 东北师范大学,2009.
③ 刘玲灵,王伟达. 大学生思想政治教育审美化问题研究[J]. 现代教育管理,2013(06)：105－109.
④ 马欣. "课程思政"与艺术院校公共教育学课程教学改革探索[J]. 新疆艺术学院学报,2019,17(04)：107－110.
⑤ 张廷,杨永杰. "课程思政"背景下高校美术教育教学改革的方向与策略[J]. 美与时代(中),2019(10)：67－68.
⑥ 郑铭. 课程思政理念下思想政治教育与艺术教育融合的几点思考[J]. 湖北经济学院学报(人文社会科学版),2018,15(07)：146－148＋154.

推进思政课改革,创新创优。① 各艺术学科门类的专业教师从主旋律电影进课堂②、公共艺术课程建设③、美术史论课程设计④、中国民族音乐课⑤等总结出具体实践经验,探索艺术专业课程思政路径。比如,有论者认为,基于音乐本身具有的意识形态属性和育人功能,高等音乐院校在课程思政建设方面具有其他高校无可比拟的优势。⑥⑦

四是艺术教育与思想政治教育有机融合案例总结。专业艺术院校充分发挥学科专长,较早开始探索艺术教育与思想政治教育的融合,并形成可供推广的教学案例。南京艺术学院系统梳理思政教育实践经验,总结艺术院校学生共性特点、思想状态、专业成长环境、培养方式等特点,提出了巩固艺术院校学生思想政治工作的主渠道、主阵地、主环境、主网络、主社区的五大战略。⑧ 广西艺术学院从抗战文艺资源与思想政治教育、抗战历史文化、艺术与抗战三个角度,探索抗战文化融入思政教育的

① 侯钫. 艺术院校推进"思政课程＋课程思政"建设的探索与思考[J]. 音乐探索,2020(03):42-47.
② 连那. 主旋律电影与思想政治教育功能的内在关联探析[J]. 黑龙江高教研究,2015(06):104-106.
③ 李骏,党波涛. 公共艺术课程融入高校"大思政"教育创新体系研究[J]. 中国高等教育,2018(01):30-32.
④ 刘桂宇. "课程思政"视域下艺术类课程融入思政元素的教学改革研究——以广西艺术学院"'话'校史,'画情怀'"教学实践活动为例[J]. 科教文汇(中旬刊),2019(03):70-72.
⑤ 田中娟. "课程思政"背景下中国民族音乐课程教学探究[J]. 丽水学院学报,2019,41(06):96-100.
⑥ 纪俊娟. 音乐教育专业推进"课程思政"建设的实践探索[J]. 广东第二师范学院学报,2021,41(01):10-16.
⑦ 谢宝利. "大思政"格局下高等音乐院校课程思政的实践构建[J]. 陕西教育(高教),2020(05):11-12.
⑧ 梁淮平. 高等艺术院校学生思想政治工作研究[M]. 南京:河海大学出版社,2008.

案例总结。① 北京舞蹈学院编纂整理利用艺术实践促进思政教育的案例。② 中国戏曲学院从德育教育、学业辅导、心理教育和就业创业教育等方面分析总结艺术院校"大思政"的工作实践，并通过对高等戏曲教育和理论思想研究的全面思考展示艺术教育与思想政治教育相结合的模式。③④ 广州美术学院亦从一线思政教育的各环节入手，总结艺术院校学生党建、美育教育、辅导员队伍等方面的特色经验。⑤ 上音探索"教创演研一体化"的艺术教育与思政教育融合路径，排演"新时代版"《长征组歌》，打造"行走的音乐思政"。⑥ 黄万强指出，"行走的音乐思政"教学模式，是指让学生走出教室、走进社会实践活动的"大课堂"，通过参观访问、社会调查、志愿服务、专题访谈等方式，把思政课教学内容与社会实践活动紧密结合起来的教学模式。⑦ 丁冬汉、朱容池以"松江三人行"为例，探讨"大思政课"理念的实践创新。⑧ 姚东升以聚焦"红色人文行走"融入思想政治教育的价值

① 邓军主编，杨武等副主编.抗战艺术资源与思想政治教育研究[M].南宁：广西人民出版社，2016.
② 彭红主编.艺术院校思想政治理论实践课教学模式研究 以北京舞蹈学院为例[M].北京：北京理工大学出版社，2016.
③ 陈娟主编，王琦副主编.北京地区艺术院校大学生思想政治教育论文集[M].北京：中国戏剧出版社，2018.
④ 王莹.艺术与思想政治教育[M].北京：社会科学文献出版社，2019.
⑤ 穆林主编.艺术院校思想政治教育研究与实践[M].广州：华南理工大学出版社，2021.
⑥ 廖昌永.新时代版《长征组歌》及其音乐传播学意义[J].音乐艺术(上海音乐学院学报)，2021(02)：6 - 19＋4.
⑦ 黄万强."行走的思政课"教学模式的实践探索[J].现代教育，2021(09)：29 - 32.
⑧ 丁冬汉，朱容池."大思政课"理念的实践创新——以"松江三人行"为例[J].思想政治课研究，2022(03)：89 - 98.

与进路。[①] 冯志莲以沈阳音乐学院"百年卓越"系列活动为例，基于新文科理念下艺术院校课程思政建设开展了创新性探索。[②] 印敏惠从主题契合、情感共鸣、项目搭建、师生同构四个维度探索打造思政"行走课堂"的构成要素。[③] 以上研究成果与经验，为艺术院校开展"大思政课"提供了良好的理论与实践的基础。

综上，关于高校艺术教育与思想政治教育有机融合的研究呈现出如下特点：理论研究多为探讨艺术教育与思想政治教育、美育与德育的内在联系、重要性与必要性；实践研究多为艺术院校艺术教育与思政教育的工作总结。总体上，该项研究仍存在如下亟待解决的问题：

第一，未能充分体现建构全员联动与长效协同机制的理论视野和学术价值取向。相关研究应加强将思想政治工作作为推动、统领高校一切工作的"生命线"的意识和"大思政"意识，重视思想政治工作在高校工作中的先导性和终极性、深入理解新时代"三全育人"综合改革与"大思政"育人理念。部分既有研究将艺术教育与思政教育相融合看成是艺术院校或艺术专业的事情，故而未能探讨部门、专业与院校之间沟通渠道的建立和合作平台的搭建，对如何建立关于艺术教育与思想政治教育有机融

---

① 姚东升. "红色人文行走"融入学生党员教育的价值与进路[J]. 红色文化资源研究, 2020, 6(02): 34 - 40.
② 冯志莲. 新文科理念下艺术院校课程思政建设的创新性探索——以沈阳音乐学院"百年卓越"系列活动为例[J]. 乐府新声(沈阳音乐学院学报), 2021, 39(04): 10 - 16.
③ 印敏惠. 浅谈打造思政"行走课堂"的构成要素[J]. 公关世界, 2021(22): 147 - 149.

合的考核、评价、督导、激励机制,如何形成高校将艺术教育与思想政治教育有机融合的长效机制等问题未能作出深入有效的探讨。

第二,对艺术作品中蕴含的思政资源挖掘不充分、研究不深入,对艺术教育在思政教育中的特殊功效认识和把握不足。这主要体现在三方面:一是既有研究对蕴含在各种艺术形式中的思政资源(包括育人机制)尚未进行充分挖掘和整理,未能进行体系化、知识化、差异化研究,对其中一些内容(艺术作品)也未能进行必要的甄别和剔除。尤其是对党领导人民在革命、建设、改革中创造的革命文艺没有给予应有的重视,对革命历史题材文艺作品的理解和解读也不够深入。二是既有研究对艺术教育与思想政治教育结合的可能性未能深入探讨。诸如艺术教育如何诠释习近平新时代中国特色社会主义思想和党的创新理论、艺术教育如何适合国家文化战略的需要、艺术教育如何引导学生正确看待社会热点问题与焦点问题、艺术教育如何助力治国理政、艺术教育如何为实现"两个一百年"奋斗目标和中华民族伟大复兴的中国梦积聚力量等重大问题,在既有研究中都未被充分讨论。三是既有研究对艺术教育以情感人、以情化人和寓教于乐的特点的认识和理解还不够深入。在探讨艺术教育与思想政治教育有机融合的过程中,对如何突出艺术教育的特点、如何发挥艺术教育在内容和形式上的优势等问题,探讨也不够深入。

第三,对艺术教育与思想政治教育有机融合的方式方法、形式手段未能全面、深入、有效地探讨,对大学生心理特点和接受的可能性亦未能充分考虑和研究。这主要是由于既有研究关于教育形式、组织方式的探讨在科学性和时代性上还有提升空间：一是未能充分认识到不同艺术形式与思想政治教育相融合时的特殊性；二是未充分讨论网络背景下新媒体、全媒体、自媒体时代进行艺术教育与思政教育相融合的新思路和新方法以及如何应对网络"负能量"的策略；三是关于艺术教育与思想政治教育融合形式的探讨，部分观念还显得陈旧，视野也相对狭窄；关于如何打造既能开展艺术教育又能进行思政课教育的教师队伍，则未见专门的深入探讨。另一原因就是，以学生为中心的调研有待跟进。既有研究对以学生为中心的教学理念展开不够充分，故对学生的思想动态、心理健康以及接受艺术教育和思想政治教育的特点和规律，尤其是不同类型院校学生接受艺术教育的差异性，都未能作出科学、合理的分析和研判。

第四，部分理论研究缺乏实践支撑、案例分析缺乏学理叙事。艺术教育与思想政治教育有机融合是新时代中国特色思想政治教育工作的新要求。但就目前而言，理论研究和实践分析仍处于探索阶段，存在部分"两张皮"的现象：其一，这类理论研究主要强调思想政治教育理论的必要性与重要性探讨，但未能充分结合高校艺术教育和思想政治教育实际，以致未能探索出既契合教育教学理念又能满足学生需求、凸显思政特色的路径和方法。其二，面向不同类型院校艺术教育与思想政治教育相融合的实践总结尚未形成模式化、体系化的经验探索，部分案例分析不仅没有充分触及艺术和艺术教育的特殊规律，还缺少基于教育教学理论、思想政治教育理论的合理性，以致所总结出的教学案例没有足够的推广价值，也经不起历史的检验。

第三节 使命要求与时代意义

　　思想政治教育是学校各项工作的生命线。推动新时代高校思想政治教育的守正创新，需要以习近平新时代中国特色社会主义思想为指导，进一步学习贯彻习近平总书记关于学校思想政治工作的系列重要讲话精神。2019年3月18日，习近平总书记在学校思想政治理论课教师座谈会上强调："推动思想政治理论课改革创新，要不断增强思政课的思想性、理论性和亲和力、针对性。""要坚持显性教育和隐性教育相统一，挖掘其他课程和教学方式中蕴含的思想政治教育资源，实现全员全程全方位育人。"这为艺术教育与高校思想政治教育有机融合提供了理论依据和根本遵循。艺术教育是思想政治教育的重要载体，具有成风化人的特殊功能。2014年10月15日，习近平总书记在文艺工作座谈会上指出："追求真善美是文艺的永恒价值。艺术的最高境界就是让人动心，让人们的灵魂经受洗礼，让人们发现自然的美、生活的美、心灵的美。"由此可见，艺术教育具有特殊的吸引力、感染力与影响力，具有引导形成正确政治思想、良好道德观念、理想人格品质的独特育人功能。因此，高校的思想政治教育应充分利用和发挥艺术教育的特殊功能，高校的艺术教育也应将思想政治教育作为重要目标，探索推动艺术教育与思想政治教育的有机融合，最终实现高校艺术教育与思想政治教育同向同行，形成协同效应。这也是立德树人教育理念下探索艺术教育与高校思想政治教育有机融合的理论意义和现实意义之所在。在这一使命要求驱动下,"行走的音乐思政"主要从三个方面体现其时代意义。

第一,"行走的音乐思政"是新时代思政教育守正创新的具体形式。党的十八大以来,习近平总书记高度关切高校思想政治工作,尤其是思政课的建设发展,鼓励开好新时代的"大思政课"。2016年12月,习近平总书记在全国高校思想政治工作会议中强调,做好高校思想政治工作,要因事而化、因时而进、因势而新。2019年3月,习近平总书记在学校思想政治理论课教师座谈会上强调推动思想政治课改革创新,提出"八个相统一"。2021年3月,习近平总书记在2021年两会期间看望参加全国政协会议的医药卫生界教育界委员时提道:"'大思政课'我们要善用之,一定要跟现实结合起来。上思政课不能拿着文件宣读,没有生命、干巴巴的。"2022年4月,习近平总书记在考察中国人民大学时强调:"思想政治理论课能否在立德树人中发挥应有作用,关键看重视不重视、适应不适应、做得好不好。""思政课的本质是讲道理,要注重方式方法,把道理讲深、讲透、讲活,老师要用心教,学生要用心悟,达到沟通心灵、启智润心、激扬斗志。"2019年中共中央办公厅、国务院办公厅印发《关于深化新时代学校思想政治理论课改革创新的若干意见》,指出:"办好思政课,要放在世界百年未有之大变局、党和国家事业发展全局中来看待,要从坚持和发展中国特色社会主义、建设社会主义现代化强国、实现中华民族伟大复兴的高度来对待。思政课建设只能加强、不能削弱,必须切实增强办好思政课的信心,全面提高思政课质量和水平。"这为艺术教育与思想政治教育有机融合提供了根本遵循。

第二,"行走的音乐思政"是新时代美育与德育有机融合的生动实践。随着我国现代社会发展、经济进步,社会思想领域也在发生急剧变化,青年学生看待事物的认识观念、处理方式的价值观念与评判行为的道德观念等都正在快速改变。一方面,市场经济提升了人们的物质生活水平,但物欲的膨胀一定程度上带来精神世界的空虚化,全球化下不同观念的加速传播引起价值观念与审美观念的多元化,但也带来了消极的拜金主义、拜物主义异化思想,侵蚀着社会;另一方面,依托于现代丰富的媒介形式,道德观念传播突破了学校和家庭领域的传统时空限制,散布至生活的每个角落,带来了感觉的弱化和道德判断标准的缺失。在这一背景下,日渐增长的审美需要必然会上升为人们的一种潜在精神需求,而德育主体的审美需要与审美供给不相匹配的矛盾却是现存问题。根据 2015 年易晓明等人所做的《国民审美素养现状调查问卷》,目前国民审美素养有待进一步提高,同时也有着更多的审美需求和创造需求。① 与此同时,美育困境表现在美育课程的边缘化、美育内容的单一化、美育资源的匮乏等方面。如何通过有效的艺术教育使人们占据审美和道德的高地,从而防止其滑入低俗娱乐的沼泽,是摆在我们面前的一个十分严肃的问题。这些问题也反映了大众对于审美内容丰富化的需求与设立审美标准引导的必要性。

第三,艺术教育是美育的载体,立德树人是思政教育的根本追求。探究审美困境与美育领域发生的变化表征、内在根由的过程,触发了本研究对艺术教育的思政价值的思考。思政教育

---

① 易晓明,杜丽姣. 当前我国国民审美素养的现状、影响因素及教育建议[J]. 美育学刊,2015,06(04):54-62.

与艺术教育相互作用、相互影响；思政教育的缺失会导致审美上的失德，而艺术教育困境的核心在于审美道德性的缺失，正如柏拉图所言："一个人如果不知道正义和美怎样才是善，他就没有足够的资格做正义和美的护卫者。"①艺术教育与思政教育紧密相连，这决定了解决思政教育问题不能局限在其自身领域中，而利用艺术教育能起到事半功倍的效果。

在文献研究中，艺术教育与思政教育互鉴互用、互相融合成为大势所趋，在方法、路径上成果颇丰，研究方向集中在"美育以'何'育人"的措施和建议，但对于以上提及的作用机理问题并未有详细的论述。美学家凌继尧对此也曾感慨，在更本源的神经学与心理学理论上，美育尤其是审美艺术教育是如何对人的思想方式和行为方式造成影响的，至今仍然是一个谜团。于是导致在实践教学之中，教师们也不知道以何种方式教学才能够充分利用好美育，而不深入了解"美育何以育人"的原理，就无法对问题的解决提出科学的建议。在新时代背景下，相关教育工作者不仅需要靠丰富多样且健康的艺术教育去引领人、鼓舞人，还需要在理论上对艺术教育与思政教育的关系以及美育的育德功能做出种种揭示和回答，使其获得理论上的合法性、合理性，这样的理论才会更有说服力和可操作性，才能真正促成美育与德育的有机融合、提升育人实效。

---

① 柏拉图. 理想国[M]. 张竹明译. 南京：译林出版社，2012：233.

第二章

艺术的力量:"行走的音乐思政"赋能思政理论课与课程思政建设

　　"行走的音乐思政"育人实践的目标包括:结合专业培养需求构建灵活的课堂空间,将高校思政课堂发展为情景式、师生互动式的思政课堂;以专题划分课堂类型,开发具有思想政治教育鲜明特色的高校实践育人课程群,进一步夯实大学生的思想政治教育理论知识,提高大学生核心素质,增强大学生思想政治教育获得感;引导大学生将个人发展与人民需要、社会进步、民族振兴、时代命运相联系;为高校思政课实践育人提供与时俱进的教学模式和优质资源,推进大学生思想道德教育、文化知识教育以及实践能力的全方面发展与进步,努力开创高校思想政治工作新局面。基于上述目标,上音着力于打造联通音乐教育与思政教育的育人机制与相关平台。

　　为此,上音鼓励多样化探索,充分发挥学生自主性与创造性。实践教学的观念革新、内容革新,要做到新旧结合,不仅要用好社会调查等传统实践教学方式,还要积极尝试、探索运用新媒体新技术等手段,增强实践教学的时代感和吸引力,引导学生用习近平新时代中国特色社会主义思想指导实践,用自己的眼睛观察世界,用自己的语言描摹社会,用自己的思考同错误思想作斗争,坚定为中国特色社会主义事业奋斗的理想信念。

第一节 多维度协同育人模式的顶层设计

一、艺术院校协同育人路径创新

"行走的音乐思政"育人实践,不只在于一次实践或一场演出,其本质在于坚持"以人为本"的理念,贯彻落实"立德树人"根本任务,注重身心一体教学情境的营造和学生满足感、获得感、认同感的提升,从而把对青年艺术人才的理论武装和思想引领有机融入日常的校园生活。在发挥思政课主阵地主渠道作用、建设艺术院校特色课程思政以外,"行走的音乐思政"更要通过建设覆盖思政理论课教师、专业教师、院系党政干部、辅导员、学生骨干为核心的校内人才队伍,拓展校外协同育人师资,实现对艺术院校日常思政教育内涵提升建设机制、资源、功能等实践教学要素的深度整合,克服实践教学要素离散化的困难,打通理论教学与实践教学之间的时空壁垒,实现春风化雨、润物无声的"沉浸式"思政教育,体现从知性启智、感性润心,到悟性思辨、理性笃行的循序渐进过程。

上音不断探索与艺术学科发展同频共振的学生工作路径,创新打造艺术院校"思政引领、先锋示范、实践驱动、美育融合"

的多维度协同育人模式,将思政工作和思政教育融入艺术人才培养的各个环节和各个方面,引导学生"扣好人生第一粒扣子",激励学生胸怀"国之大者",激活每一位学生心中热爱艺术的种子。

在构建多维协同育人模式时,上音以习近平总书记有关思政教育的重要论述为根本遵循,结合艺术教育的特点和规律,总结专业艺术院校、综合性高校艺术院系等有关"大思政"育人的理论应用经验与工作难点,根据"铸魂育人、立德树人、以文化人"的新时代育人工作要求,进一步贴近党和国家对高校思想政治教育的价值期待,探索建立校内外联动、多元主体参与、综合资源利用的"圈层式"艺术院校"大思政"工作机制,探析学生—学校—家庭—社区—社会各主体"何以能""何以为"的立体式育人路径,构建具有示范意义的艺术院校"大思政"协同育人创新模式。

围绕"立德树人"根本任务,上音聚焦改革创新主渠道教学、善用社会"大课堂"、搭建"大资源"平台、构建"大师资"体系、拓展工作格局、加强组织领导等主题,开展协同育人实践,主要体现在以下六个方面。

一是以德育德,改革创新主渠道教学。思政理论教师与院系分管学生工作副书记"结对子",通过集体备课、特色环节设计、主题调研等,让党政干部、辅导员共同加入思政理论课教学的学习、研讨与设计中。大力推动习近平新时代中国特色社会主义思想进教材、进课堂、进头脑,依托思政教师和党政干部,将理论知识和案例解析相结合。

二是以行育德,善用社会"大课堂"。利用学生暑期社会实践、志愿服务、"挑战杯"大赛、主题党日或团日等活动搭建与思政课教学紧密结合的实践平台。协调推进专业教育、创新创业教育与思想政治教育融合发展,以"双创"活动为抓手,激发学生的内生动力。指导学生团队参与"挑战杯"大赛、"互联网＋"等竞赛,指导并孵化有创意、有市场价值的学生项目,培养创新创业理念。

三是先锋示范,探索"圈层式"文化引领。用好校友资源,发挥榜样力量,利用优秀校友实例进行思想政治教育,提升思政工作亲和力,提供针对性的新范式。建立校友讲师资源库,通过"校友沙龙"、开学及毕业典礼等活动,开展校友成长经历与行业信息分享,为学生提供更安全、更便利、更高效、更匹配的就业信息和职业生涯服务,推进全员育人与思政教育齐驱并进。用好行业领军人物资源,与产学研合作单位共建行业课程,引入学科前沿、行业特征、业务先锋人物等资源。用好社会先锋人物资源,鼓励现任或退休党政干部、道德模范、劳动模范、优秀科技工作者、艺术家、大国工匠等先进代表参与学生思想政治教育。

四是以学育德,建设高品质、重专业、亮特色的产学研合作平台。搭建高质量产学研合作平台,拓展学生观摩、实习和就业合作渠道。面向学生学习成果产出设计教学过程,建设"专业导师、行业导师、思政导师"的多维度立体式指导团队,精准对接市场需求,遴选出有活力、有创造力的学生团队,开展由项目驱动的艺术创作。依托校友所在单位及企业建立社会实践基地,以校友的连接点有效衔接理论教学"第一课堂"和实践教学"第二课堂",通过科研训练、志愿服务、创业实践等途径增强学生的综合能力和就业本领。

五是以美育德,增强文化自信。开展人文、历史、美学、艺术、科学等专题系列活动,形成"美育大讲堂"专题系列讲座、"经典乐读"读书沙龙等品牌活动,提升学生知识结构、思维能力、心理素质、人文素养等。充分发挥艺术"以情感人、以文化人、以美育人"特殊功效,引导学生在美育中提升审美能力,充分利用历史和现实的美育资源,不断发掘中华文化中的美育元素,推进文化滋养与思政教育相辅相成。

六是数字育德,建立资源共享网络。推进学校信息技术与教学过程的融合,加强线上教学资源建设,打造卓越的音乐艺术"金课",将思政课程资源推向公共慕课平台。以数媒学院中外合作办学专业建设为契机,通过开发数字学习资源,运用信息技术平台,形成主干知识、科学与人文多元融合的课程体系,变革传统的课堂教学结构,促进学生在自主、探究性的学习中不断提升综合素养。

二、艺术院校协同育人规划创新

2018年9月10日,习近平总书记在全国教育大会上指出,发展教育要坚持党对教育事业的全面领导。高校党委是高校坚定社会主义办学方向的第一责任主体,应做到把控大局,大局中见决策,决策落到实处,应积极发挥各级党组织的育人功能和统筹协调能力。党委领导要表现在以下几个方面:首先,学校党委要做好方向性规划,设立思想政治教育工作组,由党委书记等领导牵头,联合马克思主义学院代表,通过研讨会、交流会等方式确保育人规划切实可行,将"三全育人"方法切实纳入学校的整体发展规划和年度工作计划当中。其次,应组织协调学工部、团委等学生党团活动的负责部门,联合商定思想政治教育活动,再联合党委宣传部进行校内宣传。最后,基层党员要在党组织的带领下,发挥模范带头作用,在工作中做出表率,敢想敢做。高校党委除了担负工作统筹、决策和评估监察等各项责任,更要结合高校发展的实际情况,联合各学院共同商定教师队伍水平提高计划、教学方法改革、教学内容质量评价等,避免高校"大思政"教育碎片化的问题。只有在学校党委领导的支持下,院系党组织和基层党组织协同才有可能实现,以进一步凝聚各育人主体共同发力。

在高校党委领导下,各院系、各部门应积极作为,做到院系领导、老师、教辅工作人员全员参与。在此基础上,高校应积极学习有关思政工作的实施意见和方案,把握好地区优势,挖掘所在城市的红色文化并融入思想政治教育内容。此外,高校要制定符合自身的工作方案。北京大学、清华大学、复旦大学、南京大学、东北大学等高校已经启动实施"熔炉工程""思业融合燎原计划"等,发挥学校的办学优势和特色。

上音在推进落实艺术思政的总体思路上,从"课程试点、系部试点"逐步过渡到"试点引领、全面覆盖"的深化建设思路,聚焦于以下三个方面。一是全过程融入:从培养方案、课程指南、教学大纲,到课堂授课、教学研讨、艺术实践、作业论文,再到教师考核评价、评优奖励、选拔培训,使课程思政贯穿教育教学全过程。二是全培养阶段贯通:从附小附中到本科、研究生各阶段,推进课程思政大中小一体化建设。三是全责任主体覆盖:落实"学校—二级院系—教研室—教师"各级主体责任。为此,学校成立课程思政建设领导小组,由党政主要领导挂帅,统筹推进全校实践活动思政化建设与提升工作,畅通"最先一公里";压实各二级院系主体责任,列入年度考核清单,打通"中梗阻";充分调动教研室、教学团队等基层教学组织的积极性;着力提升教师的育德意识和育德能力,打通"最后一公里"。

在艺术思政的顶层设计上,上音提出"三大模块,四步推进,两类支撑"的建设架构。即以公共基础课程、专业教育课程和实践类课程三大模块为主体,以"试点课程—试点课群—试点系部"全面铺开的顺序为推进层次,以暑期社会实践、艺术专业采风与思政实践互为支撑,并以思政教师与专业教师互为支撑。学校通过充分利用第一阶段建设的一批试点课程,尤其是评议审定的示范课程的建设经验,以及召开交流座谈会、课程思政教学设计案例分享会等方式,使第二阶段重点建设课程的工作起点更高,推进更快,效果更好。

在落实"行走的音乐思政"主体上,上音重视"给政策""送指导":在岗位聘用、评优评奖上给足政策,激励课程思政成效突出的教师,并发挥马克思主义学院的职能,紧扣课程思政对教师育德意识和育德能力的要求,以及顶层设计对思政教师和专业教师互为支撑的要求,开展各类实践培训和思政指导;创新性地打造由思政教师进入专业教育实践的"行走的音乐思政"建设团队,一方面解决专业课教师在思政教育元素总结提炼方面能力较弱的客观困难,另一方面给予思政教师融入专业课堂、深入了解学生思想和专业课程特点的机会,使思政教育与专业课程教育从系部、教研室、教师、学生各个层面有机结合,各方力量拧成一股绳,全力推进实践育人实效提升。

三、上海音乐学院协同育人案例

1. "大中小幼社"15 分钟社区思政育人实践圈

2023 年 11 月 21 日,上海市徐汇区衡复音乐街区"15 分钟思政育人实践圈"建设正式启动。

上音作为中国第一所独立建制的高等音乐学府,地处徐汇区湖南路街道汾阳片区。该片区辖内专业音乐院团、地标性演出场所聚集,是上海音乐文化最为浓郁、音乐人才最为集中的区域之一。上音携手湖南街道党工委大力推进"音乐街区治理力工程",启动沪上首个"新时代文明实践特色音乐街区"和"青年发展型音乐街区",充分挖掘音乐街区的育人价值、善用梧桐树下的育人资源、汇聚"大中小幼社"的育人合力,让思政插上音乐的翅膀,让音乐在思政的旗帜下流淌。

在"15 分钟思政育人实践圈"启动仪式上,上音校史馆"徐汇区爱国主义教育基地"、湖南街道"思政育人实践教学研究中心"相继揭牌,涵盖大中小幼社的思政教育联盟成立,首批 10 个思政育人特色实践项目公布,20 个思政育人实践教学基地揭晓,首批"梧桐导师团"队伍组建。

"15 分钟思政育人实践圈"启动之后,由上音统筹音乐街区区域内"大中小幼社思政教育联盟"的学子们带来的音乐思政课、"上音众乐"系列公益音乐会依次与大家见面,带大家重温红色记忆、赓续红色基因。音乐思政课由上音代表主讲。来自上音和上海市南洋模范中学、上海市位育实验学校、徐汇区爱菊小学、徐汇区世界小学、徐汇区乌鲁木齐南路幼儿园、徐汇区五原路幼儿园、湖南街道社区学校等形成了"大中小幼社"思政实践圈,共同带来了精彩的音乐戏曲展示。本次表演中上音青年学子谢昕宇、林潇带来了歌剧《贺绿汀》经典选段,包括了女声独唱《我的心在为你歌唱》、男女二重唱《音乐的精神》和男声独唱《嘉陵江上》,纪念老院长、人民音乐家贺绿汀诞辰 120 周年。

高品质的音乐街区是城市美好生活的重要组成部分,是展现美好街区形象、传播城市文明的亮丽窗口。依托音乐街区"15分钟思政育人实践圈",家校社联动携手打造可亲、可敬、可信、可爱的思政育人"大课堂",共同培育向善、至善、共善的时代新人。

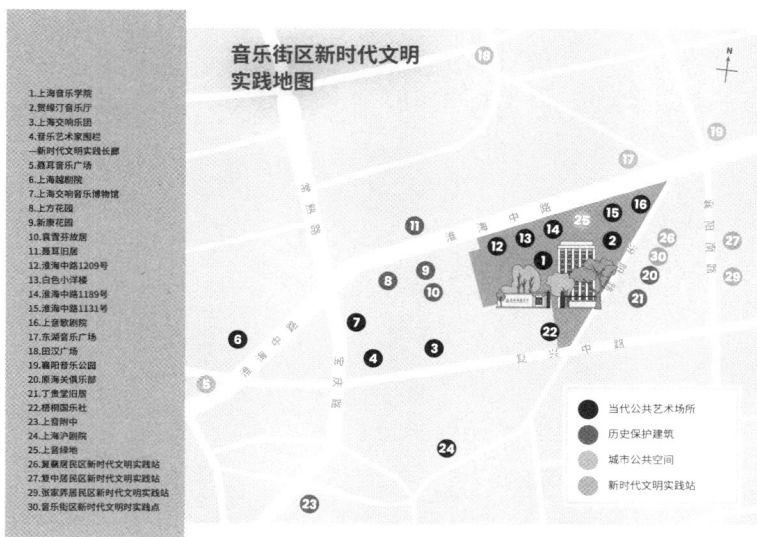

音乐街区新时代文明实践地图

2. 追寻总书记的上海足迹,学思践悟"人民城市"理念

杨浦滨江是"人民城市"重要理念首倡地。2019 年 11 月,习近平总书记在上海市杨浦区考察时,提出"人民城市人民建,人民城市为人民"的重要理念,深刻揭示了中国特色社会主义城市的人民性,深刻回答了城市建设发展依靠谁、为了谁的根本问题,深刻回答了建设什么样的城市、怎样建设城市的重大命题,为新时代人民城市的建设和发展提供了根本遵循。同时,杨浦滨江是中国近代工业文明的发源地之一,是工业复兴的重要历史见证。

在杨浦滨江人民城市规划展示馆,上音师生在展示馆讲解员的带领下,领悟"人民城市"重要论述的精髓,了解杨浦滨江从"工业锈带"蝶变为"生活秀带"背后的人民力量。浦江滔滔不尽,大城生生不息。在焕然一新的滨江亲水平台,上音师生用音乐服务市民、礼赞新时代。

以 2024 年 5 月上音组织的"人民城市"主题实践活动为例,本次实践活动具体安排如下:

（1）活动时间：2024 年 5 月 10 日 9:00—12:00。

（2）活动地点：杨浦区滨江公共空间。

（3）参与人员：上音党总支书记、党总支副书记、专职辅导员、学生党支部书记、团总支书记、马克思主义学院教师、教师党员代表、学生代表。

（4）课程安排：

8:00—9:00 零陵路校区出发。由党总支书记介绍活动背景及意义。

9:00—9:15 秦皇岛码头党群服务站。

9:20—9:30 乘坐观光车前往滨江栈桥步道水厂段。

9:40—10:00 滨江栈桥步道水厂段＋音乐快闪活动。演出两首曲目:原创音乐剧《春上海1949》片段"春雷"、手风琴《游击队歌》《我和我的祖国》。

10:00—10:10 乘坐观光车前往"人人屋"党建服务站。

10:10—10:30 现场微党课(主讲:辅导员)。

10:30—10:40 乘坐观光车前往杨浦大桥。

10:40—10:50 从杨浦大桥换乘大巴车前往杨树浦驿站电厂党群服务站。

11:00—11:30 音乐党课(主讲:马克思主义学院教师)与音乐快闪活动。快闪活动演出两首曲目:学生团队12人演唱阿卡贝拉《国家》。全体师生合唱《灯火里的中国》,配乐乐器为小提琴、巴扬手风琴、吉他各1把。

11:45 发车,返回零陵路校区。

该实践活动至少包括三项思政元素:

(1) 牢记初心使命,践行"人民文艺"观。

人民立场是中国共产党的根本政治立场,是马克思主义政党区别于其他政党的显著标志。我们党来自人民、植根人民、服务人民,党的根基在人民、血脉在人民、力量在人民。中国共产党人的初心和使命,就是为中国人民谋幸福,为中华民族谋复兴。这个初心和使命是激励中国共产党人不断前进的根本动力。杨浦滨江从工业"锈带"到生活"秀带"的蝶变,是

党的初心使命在城市建设中的生动体现。习近平总书记关于
文艺的系列讲话，深刻阐述了新时代文艺发展道路问题，阐明
当代文艺的根本是文艺的人民性，文艺创作要处理好文艺家
和人民以及文艺与生活的关系，倡导"以人民为中心的创作导
向"。实践表明，只有坚持以人民为中心的创作导向，才能创
作出无愧于伟大民族、伟大时代的优秀作品，才能不断攀登艺
术的高峰。

（2）贯彻落实新发展理念。

坚持创新发展、协调发展、绿色发展、开放发展、共享发展，
是关系我国发展全局的一场深刻变革。为人民谋幸福、为民族
谋复兴，这既是我们党领导现代化建设的出发点和落脚点，也是
新发展理念的"根"和"魂"。百年杨浦滨江的历史蜕变本质上是
把城市最好的资源留给人民，把优秀城市资源留给人民，是新发
展理念的具体实践。

（3）见证伟大奋斗，勇担时代使命。

音乐作品《游击队歌》和《春上海 1949》片段"春雷"等描摹
了中国共产党人团结奋斗、不惧风雨的革命历程，歌曲《我和我
的祖国》《国家》描绘了中国人民对祖国的深切依恋，而歌曲《灯
火里的中国》等作品则歌颂了新时代中国人民凝心聚力谋新篇
开新局的红火图景。通过声乐、器乐等方式演绎不同时期的代
表性音乐作品，该实践活动引领学生领会新时代文艺工作者"为
人民创作、为时代放歌"的使命担当。同时，在百年杨浦滨江历
史演变的现场，师生们沉浸式感受百年党史，深刻认识到中国共
产党是民族复兴伟业的坚定领导核心。

第二节　艺术思政与思政理论课有机融合

实践路径应该是内容与形式的统一。高校大思政教育实践路径的选择应基于对概念内容本身的认识,再转向对概念的具体实践。

一、教学设计与教学手段

1. 运行方式与手段

紧抓培根铸魂的育人主旨,坚守意识形态阵地。只有坚守立德树人这一根本任务,伟大实践奋斗现场与红色场馆的资源优势才会转化为传播优势和育人优势。也唯有如此,艺术思政育人模式才能顺利发挥作用并达到预期目的,使学生在此过程中沟通心灵、启智润心、激扬斗志,成为社会主义核心价值观的坚定信仰者、积极传播者、模范践行者。在此过程中,教学工作要以高度的政治站位、坚定的文化责任,用习近平新时代中国特色社会主义思想加强政治引领,做好学生成长成才的引路人。为此,可从以下几个方面推进艺术思政与思政理论课有机融合。

第一,构建共建共享的协作机制,深化各方主体的参与程度。政府机关、场馆机构、教育单位,包括文旅平台等不同行业的独立主体共同发力、协调资源、共享信息,最大限度地提升育人实效。其中,新时代伟大实践的奋斗现场与红色场馆是实践的核心空间;需要充分挖掘城市文化思政要素与城市空间育人场所,以常态化的交流学习、合作共建、研究创作,构建地区内、跨地区的育人空间合作组织,发挥更大的协同育人效应。同时,党政部门要建立专门的管理机制,统筹协调校地、校馆之间的协作事宜,使其更加专门化、制度化、长效化。

第二,利用数字平台的传播优势,提升平台育人效应。在智能媒体迅速发展的今天,互联网数据信息平台的技术水平有了质的变化——大数据、云资源库、物联网等为思政课教学平台的应用和拓展提供了技术支撑和硬件支持。当前国家高度重视共建共享的育人平台建设,如国家智慧教育公共服务平台、人民网"大思政课"云平台、全国高校思政课教师基础数据系统以及各学校独自建立的红色场馆资源数据库等,均切实有效地推动了红色资源在思政育人中的充分利用。推动数字技术赋能艺术思政,意味着基于红色资源的数字课程的设计与运营能力应与现有思政课的课程教学改革需求相匹配;意味着思想政治教育资源的数字化开发、数字宣传平台乃至理论资源数据库的建造,应与红色文化主题活动的个性化、社会化相衔接。这为学校以数字化技术拓展育人模式提供了延展空间,使艺术思政教育与时代的发展嵌套、与师生的生活共振。

第三,挖掘红色文化育人内涵,凸显实践育人时代特征。从马克思交往理论来讲,不同的场景空间实质上是一种人类社会生产生活发展所凝结的文化价值的体现,而场域空间以感官体验的方式对观众进行思维引导和价值塑造。发掘并拓展红色场馆等社会空间的文化内涵,并通过音乐创作演绎与育人空间场景设计的有机融合,可以为学生提供最接近历史真实的情景体验。同时,在宏观历史背景下发掘生活化的情景,可以使学生更有代入感、使思想政治教育更有说服力。要积极利用场域空间在思政教育中的文化属性,将红色场馆以合适的方式融入社会生活空间之中,用数字化方式活化利用红色文化资源,消除红色文化与现代生活的时空隔阂,更好地促进红色文化融入艺术思政育人氛围的营造与创新。

第四,大中小一体化推进红色音乐文化育人。以红色音乐文化为主题开展附小、附中与大学的学子同上一节思政课的互动式教学设计,实现教学内容的逐层深入。小学生通过接触红色音乐作品、红色音乐创作者的历史故事,感受红色音乐文化的生动魅力;中学生通过了解红色音乐文化背后的理论知识与音乐技巧,为今后学习应用红色音乐知识打下坚实基础;大学生主要提高分析研究红色音乐作品能力,感悟红色音乐文化与时代同行的使命担当,可以尝试利用所学知识展示、研究、再创作红色音乐相关作品。通过大中小三个学段实践教育的有效衔接,构建全过程实践育人范式。

2. 实践资源与实践平台建设

艺术思政育人实践由高校党委、教务处、学工部门、马克思主义学院等部门、思政课教师、大学生、研学旅行教育场地及相关人员等多种校内外要素协同构成。

建立实践教学基地是拓展艺术思政教学资源的一个重要途径。上音联手中组部三大干部学院、教育部 8 所红色圣地高校、全国 11 所专业音乐院校,成立中国红色音乐文化研究与发展中心,形成一批社会实践基地,并将实践帮扶和教学工作延展到少数民族地区;举办首届中国红色音乐文化论坛、第十一届全国艺术院校思政课教学研讨会；成立"长三角区域音乐教育与艺术产业发展联盟"；在音乐治疗专业开展线上"音乐康疗"，为坚守在抗击疫情一线人员提供音乐疏导和心理援助。

相关实践教学基地分为红色中国实践基地、乡村振兴实践基地、创新中国实践基地。其中，红色中国实践基地主要依托全国尤其是上海的红色场馆及其开辟的虚拟场馆，开展实地参观和虚拟体验。红色乡土文化资源是本地长期革命、建设和改革历程的历史记录，体现为学生熟悉的红色地标和红色记忆。置身红色乡土，通过浸润式、启发式、情景式的现场教学，以传承红色基因为文化血脉，以扎根中国大地为发展根基，用红色基因淬炼品格，帮助大学生感受红色中国的力量，激励使命传承的自觉性。乡村振兴实践基地是开展国情调研和志愿服务的实践基地，引导学生把国家安全和人民群众的安危冷暖放在心上，激发维护国家主权和安全的意识，涵养家国情怀。创新中国实践基地是彰显新中国自主创新伟大成就的教育基地，引导学生感受创新中国的脉搏，激发科学探索精神和自立自强意识，培养学生的科技创新能力。为推动社会实践向纵深发展，适应新时代智慧思政的发展趋势，高校可将自主建设的实践基地与虚拟实践平台进行整合，搭建红色中国实践基地群、平安中国实践基地群、创新中国实践基地群，鼓励学生进行线上线下相结合的游学参观和研学实践，建构"天地有域，行者无疆"的实践运行体验。

3. 评价机制

在对学生进行评价时注重三个结合——质性评价和量化评价相结合、过程性评价和终结性评价相结合、实践评价和书面评价相结合;把握三个层面——课程整体评价、学生自我成长评价、课程实施效果评价;遵循五个原则——教育性原则、完整性原则、体验性原则、过程性原则、多元化原则。由此,相关教学不仅关注学生的技能习得,还关注学生情感态度价值观的建设,让学生能够辩证地理解和接纳评价结果,并对学生的长远发展产生积极的影响。

为此,应探索构建系统的、有针对性的、可操作的"大思政课"建设实践创新评估体系:① 建立科学的评价指标体系。坚持客观性、过程性、发展性、可操作性、科学性的基本原则,综合"大思政课"建设方案、"大思政课"建设研究与师生访谈,确定一级指标与二级指标,运用状态描述法及模糊综合评价法计算评价数据,确保评价结果科学性,形成"大思政课"建设实践创新运行评价指标体系。② 完善评估实施的技术与方法。综合现有过程模式、绩效模式、项目模式、诊断模式四种评价模式的优缺点,从评价目标(评价工作+工作指导)、评价主体(自我评估+政府评估+社会评估+学校评估+学生评估)、评价标准(客观+主观)、评价方法(定性+定量)、评价过程五个方面,分层分类针对教学设计、教学过程、教学内容等环节开展考评,强化正向激励,形成完整的评价组织实施。③ 完善评估制度。制定完善师生社会实践管理办法、学生社会实践行为规范、学生社会实践考核评价办法等,突出多元参与、过程评价,对课程实施过程的关键要素、重点环节进行适时掌握,通过科学的分析,得出评价结果。

"安全"是"大思政课"建设的底线,应探索建立科学合理可行的风险控制体系:① 筑牢意识形态安全防线。追踪检测与分析研判意识形态安全风险的动态和方向,建立校外资源进校园的事前、事中、事后全流程闭环监管。② 保障人身安全。完善保险机制,提升学生安全防护能力,保障事件中的人身安全。③ 防范网络安全风险。遵循分类型、分层次原则,建好网宣、网管、应急和网评等团队,开展网络宣传专业培训。④ 建立风险评估机制应急处置。研判实践过程中可能的风险和问题,提升危机管理与应急处置能力,制订应急预案。

二、上音思政理论课音乐思政案例

1. 周小燕——音乐战线上的共产主义战士

课程基本信息

课程名称:思想道德与法治

教学对象:本科一年级学生

学分学时:2 学分　36 学时

课程类别:基础必修课

授课教师:黄静　上海音乐学院副教授

对应教材章节:第二章　坚定崇高信念

　　　　　　　第三章　弘扬中国精神

周小燕(1917—2016),歌唱家、音乐教育家、中国美声声乐教育大师、上音前副院长。

"万里长城万里长,长城外面是故乡……"1937 年卢沟桥事变,中国全面抗战开始。当国土沦丧的时候,20 岁的周小燕唱起了《长城谣》。之后这首歌传遍大江南北。1995 年,抗战胜利

50周年,78岁的周小燕站在长城上再次唱起了《长城谣》。中央电视台的十几架摄像机同时记录下这个画面:她穿了一身黑色的旗袍,胸前戴着一朵红色的玫瑰,身后是为她伴唱的芸芸弟子和蜿蜒巍峨的万里长城。她只唱了两句,就已经泣不成声……2005年,在上海大剧院,88岁高龄的周小燕在学生为她举办的从教65周年专场音乐会上,又一次唱起了《长城谣》。在她开口的瞬间,台下几千名观众全体起立为她伴唱,台上的她与学生热情相拥,歌声哽咽。她说:"抗战胜利60年了,应该唱一唱。这回不是唱声音,是唱精神。"

1938年至1947年,周小燕流亡欧洲9年期间,每次上台演出,一定身穿中国旗袍,唱中国的歌。1947年,被誉为"中国之莺"的她在驰名欧洲乐坛之时,却义无反顾地回到了千疮百孔的祖国。对此她的解释是:"不后悔。这里是我的祖国。我为她出力了,我不后悔。如果我没有为她出力,我才会后悔。""我没有想很多。出国时,父亲就对我说:'一、不要忘了自己是中国人;二、学成后回来报效祖国。'当时,我觉得自己已经学好了,也演出了,并且获得了肯定和好评,应该回来了。"1949年,周恩来为她题词:"为建设人民音乐而努力!小燕同志。"

周小燕曾经对她的学生说:"在国外更要有民族自尊心。你有民族自尊心,人家才会尊重你。对人也是一样的,你尊重别人,别人就会尊重你。你要有自信,人家才会信任你。"

从教60多年来,周小燕培养的歌唱家曾多次在国际、国内比赛中争得荣誉。其中有的学生登上美国大都会歌剧院(Metropolitan Opera)、旧金山歌剧院(San Francisco Opera)的舞台,成为主要演员。她培养的大批优秀声乐人才中,有的在国内各高等院校任教,有的活跃在国内外歌剧音乐舞台上,如廖昌永、张建一、高曼华等。鉴于在声乐艺术和声乐教学上的杰出贡献,周小燕先后荣获中国音乐家协会颁发的中国音乐艺术最高荣誉奖——金钟奖、法国政府授予的法国国家军官勋章、上海市政府授予的 2002 年文学艺术特殊贡献和 2003 年全市教育功臣奖。

结合这一音乐人物事迹,相关思政理论课教学可围绕"信仰、爱国主义对人生价值的影响"这一主题展开,主要拆解为以下三个教学点。

教学点 1:信仰对人生价值的影响是什么?

信仰是一个人的精神依托、精神支柱、精神动力,是支撑一个人的思想和行动的神圣而伟大的力量。人的价值实现不仅包括社会对个人的尊重和满足,还包括个人对社会的责任和贡献。没有信仰,没有远大抱负,对未来生活没有目标,重物质利益而轻于奉献,重金钱欲望轻理想追求,生活将变得越来越恐慌压抑和绝望。

周小燕于 1956 年入党。自此,她把入党日作为她的生日。她终生为党的音乐事业拼搏,选择共产主义作为她的信仰,这是在实践中经过慎重比较做出的选择。1956 年至 2016 年,周小燕为党工作了 60 年,鞠躬尽瘁,践行了自己的入党誓词。周小燕唯一一次和党"讨价还价"是因为组织鉴于她健康的原因不再给她排课,于是她千方百计和组织要求,一定要让她正常上课,不能"下岗"。她在病危之前还把学生叫到病床前为学生授课。作为音乐战线上的一名共产主义战士,她站好了最后一班岗!

教学点 2:周小燕一生践行"国家情、民族心"。她选择学生的首要标准就是爱国。那么,周小燕的爱国观是什么样子的呢?

爱国主义是指个人或集体对"祖国"的积极和支持的态度。爱国主义包含了这样的态度:对祖国的成就和文化感到自豪,强烈希望保留祖国的特色和文化基础,对祖国其他同胞的认同感等等。1947 年,在国家历经战争,残破不堪,在世界民族之林处于孤立无援之地时,周小燕选择回到祖国,是对祖国的认可和支持。此后几十年,周小燕为中国美声声乐教育、歌剧教育、音乐高等学校的发展、音乐人才的培养作出了极大的贡献。周小燕一生践行爱国情,但反对故步自封的"极端爱国"。她鼓励学生走出"三门"(师门、校门、国门),要到国外去看看,学习和借鉴国际上先进的文化和文明。周小燕相信,随着祖国的富强,越来越多的赴海外学习的人才会回国效力。而今天,赴海外学习的李秀英、黄英等歌唱家都归国效力,接棒为我国培养声乐人才。

教学点 3:如何认识音乐、音乐家的社会功能?

音乐具有很强的社会功能和时代功能:音乐不可能脱离社会而存在,它与社会的进步、上层建筑的巩固有着密不可分的联系。音乐作为人类的一种精神产品,是一种社会的意识形态,也是现实生活的反映。它产生于人类社会并反作用于人类社会,反映了人类精神生活的社会需要与音乐中的社会内容相统一的关系。音乐中所包含的一切社会内容都是特定条件下的社会反映,它必然随着时代和社会条件的变化而变化。在相应的社会思想基础下,音乐对政治、教育、宗教等社会活动起到不同程度的辅助作用。音乐一方面依附于社会历史的现实情况,另一方面又依附于接受者所持有的社会态度和政治立场。音乐是民族、时代以及富有个性的艺术家对于某个特定的事件所反映出来的一种概括性的精神内容。作品产生的时代特点、社会思潮以及作曲家的思想观点和生活环境等,都包含着某种特定的、概括性的社会含义和思想倾向。所以,我们可以说,音乐的时代性与音乐的人民性、民族性、风格性是一个息息相关、密不可分的统一体。一首有影响的音乐作品诞生之后,将会对民众的精神生活产生重大的影响,甚至能塑造一个时期国家民族的文化形象。通过周小燕的事迹,我们可以进一步梳理出音乐的舆论动员、宣传、赞美、批判、伦理道德等社会功能作为思政理论课的内容要素,以便在自媒体、多媒体极其发达的今天,以音乐为载体,为弘扬中国精神作出贡献。

2. 国歌《义勇军进行曲》的诞生和在抗战中的作用

课程基本信息

课程名称:中国近现代史纲要

教学对象:本科二年级学生

学分学时:3 学分　54 学时

课程类别:基础必修课

授课教师:黄静　上海音乐学院副教授

对应教材章节:第二章　中华民族的抗日战争

1935 年,聂耳为电通影片公司拍摄的电影《风云儿女》谱写了主题曲《义勇军进行曲》。该曲由田汉作词。电影一经播映,《义勇军进行曲》争相传唱,红遍大江南北。当时《中华日报》电影宣传广告上写着:"再唱一次胜利凯歌! 再掷一颗强烈的炮弹!"而《申报》电影广告栏上对该片的宣传语是:"这儿有雄伟的歌——是铁蹄下的反抗歌!"1940 年夏天,民众歌咏会的负责人刘良模为躲避迫害远赴美国,在纽约组织了一个华侨青年合唱团,教华侨演唱《义勇军进行曲》《救国军歌》《大刀进行曲》,并把这些歌曲推荐给美国的黑人歌手保罗·罗伯逊(Paul Robeson)。罗伯逊将这首歌曲进行改编,作为他巡演的节目之一。《义勇军进行曲》在海外华人华侨中传唱开来。1941 年,反映中国抗日革命歌曲的唱片"Chee Lai: Songs of New China"(《起来:新中国之歌》)中、英文版在美国出版发行,由刘良模指挥。宋庆龄亲自为这套唱片撰写了英文版序言。罗伯逊用中英文演唱了《起来》这首歌(即《义勇军进行曲》)。而罗伯逊这位国际友人,因为演唱这首歌而成了中国人永远的朋友。

在《义勇军进行曲》的感召之下,1936 年,孟波与麦新合编的《大众歌声》出版,周巍峙的《中国呼声集》出版,吕骥、贺绿汀、冼星海等人组织的词曲作者联谊会成立,《松花江上》《牺牲已到最后关头》《大刀进行曲》《中华民族不会亡》《心头恨》《救亡进行曲》《打回老家去》等歌曲相继创作出来。其中,《松花江上》控诉了"九一八"事变中日本夺走了我们的"无尽宝藏",《大刀进行曲》号召"全国的老百姓……看准那敌人,把他消灭!"这些歌曲主题鲜明、歌词简洁、节奏铿锵,表达着全民族共同的情感——勇敢杀敌、保家卫国,成了当时的"流行歌曲"。

1949 年 10 月 1 日,中华人民共和国成立,《义勇军进行曲》成为代国歌。2004 年 3 月 14 日,第十届全国人民代表大会第二次会议通过宪法修正案,正式规定中华人民共和国国歌为《义勇军进行曲》。2017 年 9 月 1 日，《中华人民共和国国歌法》在第十二届全国人大常委会第二十九次会议表决通过，于当年 10 月 1 日起正式实施。

教学点：结合国歌的诞生过程，相关思政理论课教学可以"《义勇军进行曲》所产生的影响"为教学点，解析抗日民族统一战线成为民心所向的原因。

原因其一，《义勇军进行曲》符合中国人追求民族大义的伦理需求。

以《义勇军进行曲》为代表的抗战歌曲诞生之后，无数的文艺进步人士认识到：对"救亡音乐"的选择，不仅是单纯的艺术道路的选择，也是个人道德和民族大义的政治立场的选择。从民族道义到个人德行，抗战歌曲成为全民的选择，全面抗战成为当时中国民众共同的呼声。这些舆论为中国共产党建立抗日民族统一战线提供了民意基础和情感支撑。

原因其二，《义勇军进行曲》是中国共产党地下党组织长期"统战"的结果。

1930 年，聂耳为逃避国民党的追捕，离开云南到达上海，在明月歌舞剧社工作，从事歌舞剧演出工作。聂耳本身非常勤奋好学，于 1933 年经由田汉介绍入党，自此，聂耳一直在中国共产党的地下组织工作，创作了大量劳苦工人题材的歌曲。1933 年，一直在共产党左翼文艺人士管理下开展工作的上海电通影片公司要拍摄电影《风云儿女》，聂耳自告奋勇为其配乐。《风云儿女》的编剧是田汉和夏衍。田汉是老地下党、文学巨匠，长期从事上海文艺方面的工作；夏衍是共产党文艺战线的老地下党、剧作家；主演袁牧之和王人美都是共产党员，后来都离开上海去了延安。电通影片公司的摄像师吴印咸在上海沦陷后去了延安，组建了"延安电影团"。共产党在延安大量的工作和战争照片都出自吴印咸之手。他还拍摄了延安第一部纪录片《延安与八路军》。

　　因此可以说，《义勇军进行曲》的诞生前后都离不开中国共产党地下组织的长期统战努力。1931 年九·一八事变之后，上海的中国共产党地下组织就牢牢把握了上海群众文艺运动的主导权。1937 年上海沦陷后，在中国共产党地下工作者的有序动员和组织之下，大量有经验的文艺工作者组成 12 个演剧队，由不同的路线奔向大后方延安，出现了"十万知识青年进延安"的盛况。冼星海、吕骥、贺绿汀皆在其中。这些知识分子到达延安后把上海的文艺工作抗战经验也带到了延安，使延安成了"红歌之城"，"满耳是战斗的歌声"。以《义勇军进行曲》为代表的抗战歌曲为当时中国共产党工农兵文艺思想的形成和抗日民族统一战线的建立和巩固起到了凝聚人心的作用。

第三节　艺术思政与课程思政有机融合

　　艺术院校的课程思政建设应在课程教学中教育引导学生立足时代、扎根人民、深入生活，树立正确的艺术观和创作观；同时，坚持以美育人、以美化人，积极弘扬中华美育精神，引导学生自觉传承和弘扬中华优秀传统文化，全面提高学生的审美和人文素养,增强文化自信。

相关教学应有所侧重:一方面,立足红色音乐文化,系统梳理、深度发掘红色文化所展示的中国共产党人精神谱系,并开展红色文献资料、历史文物等梳理、整合和研究,探究其产生背景、红色精神及其现实价值,坚持正确的政治方向,将红色文化内核与新时代的新特点、新要求相结合,丰富艺术院校专业教育内容与红色音乐作品创演灵感;另一方面,用红色音乐作品"小切口"诠释红色革命故事"大道理",从红色革命故事中总结历史经验,在历史与现实的对照中彰显中国共产党的成功之道,进而更好地发扬红色传统和优良作风。上音"行走的音乐思政"建设坚持一体推进"育己"与"育人"校内外贯通、红色文化资源与艺术院校培根铸魂有效衔接并深度融合的"沉浸式实践",探索"大思政课"长效实践机制。

一、"红色音乐＋思政"交叉育人模式融入艺术专业课程教学实践路径

探索音乐类课程思政创新实施路径,是当前"新文科"背景下音乐专业类课程思政教学改革需认真研究的课题。教育部等十部门联合印发的《全面推进"大思政课"建设的工作方案》提出:坚持开门办思政课,强化问题意识、突出实践导向,充分调动全社会力量和资源,建设"大课堂"、搭建"大平台"、建好"大师资"。

1. 凸显"红色音乐＋思政"教学的目标

高校专业课程教学应坚持目标导向。"红色音乐＋思政"交叉育人模式在高校专业课程的教学实践中,要遵循思政教育工

作的规律、学科专业规律、学生成长规律等,将红色音乐文化有机融入专业课程教学。以相关专业学科教学目标、训练要求为根本任务,教师在选择红色音乐作为教学内容时,应注意将红色音乐文化与学科重难点、时代热点、学生关注点相结合,抓住学生认知规律、心理特点和情感特征,增强红色音乐文化的吸引力和感染力,让红色音乐文化在专业课程教学过程中充分调动学生情绪情感,让学生从心底认同且热爱红色音乐文化,提升思政教育和人文教育的吸引力及亲和力,让学生自觉去感受和思考,用红色音乐文化筑牢理想、信念、专业的根基。

2. 构建"红色音乐+思政"相关专业课程板块

高校教师在将红色音乐文化切入相关专业课程实际教学的过程中,需要针对专业学科特点和该科目教学目标进行积极创新与一定程度的改编,在加强自身红色文化素养的同时,不断开发红色音乐教育资源,挖掘、整理具有所在地区历史特色、人文特色、音乐特色,乃至校本特色的经典红色音乐作品,对课堂红色音乐教学资源进行持续地更新和扩展,使教学实践工作拥有更为广泛的选择空间。在实际教学环节中,教师要合理地将知识传授与红色音乐理念相融合,针对红色音乐间的差异化风格,运用课堂教学与实践相结合的方式,采用更加多样化、灵活性的教学模式,如以弹、唱、跳、说唱表演、情景剧改编等方式,充分调动学生的学习积极性和课堂参与性,对相应的红色音乐文化内涵进行传递。与其他教学方式相比,参与式教学的优势在于能够激发学生的学习内在动机,营造以学生为主的课堂氛围,可帮助学生从知识单一"接受方"转向知识"运用方",让他们在课堂活动中建构知识、巩固知识、创建知识,进一步提升相关专业课程教学效果。

3. 增强"红色音乐＋思政"交叉学科间黏合度

红色音乐与思政教育之间其实早已密不可分。对于红色音乐文化艺术而言，新时代为其提供了新的机遇。然而，如果在以红色音乐为媒介的相关专业课程思政化教学过程中贸然、突兀地将红色音乐引入课堂，以学生的课堂表现直接纳入其成绩考核的方式，强制要求他们参与，反而违背了"红色音乐＋思政"育人模式与传统优秀文化传承和创新的初衷。生硬的形式无法达到实际需要的教学目的与效果，反而可能影响青年学生们的学习热情。

因此，将红色音乐引入高校相关专业课程对教师提出了更高的要求。教师应较好地了解与消化红色音乐的内涵，发掘和整理出能与相关专业课程相融合的红色音乐作品和元素，处理好思政教育与专业课程之间的关系，合理区分学术问题、相关技能训练与思政教育问题。在专业课程教学实践中，教师要巧妙地将红色音乐融入专业课程的内容体系，增加交叉学科教学内容间的黏合度。在课堂教学设计中要注重激发学生的主观能动性，通过曲目的背景剖析和旋律演绎加深学生对红色音乐蕴含历史和文化知识的理解，以此培养他们欣赏红色音乐之美，感受红色文化之底蕴，并通过自身能力将红色音乐之美"二度创作"，真正将"红色音乐＋思政"育人模式落至实处。

二、上音课程思政建设与课程案例

1. 上音课程思政建设情况

上音十分重视课程思政工作的组织实施和机制建设。通过 2017 年"课程思政 1.0 版"方案,上音课程思政教学改革领导小组成立,由学校党委书记、院长担任组长,相关分管领导担任副组长,统筹推进全院改革试点工作,成立上音课程思政指导委员会,负责全院课程思政教学改革指导、咨询、督查、评估工作;下设课程思政教学改革办公室,具体负责改革试点工作。

2020 年,根据国家和上海市对于课程思政全面覆盖、深入推进的文件精神,上音"课程思政 2.0 版"方案将"上海音乐学院课程思政教学改革领导小组"改为"上海音乐学院课程思政建设领导小组",由党委书记、院长担任组长,分管领导担任副组长,统筹推进全院课程思政建设工作。该小组下设上海音乐学院课程思政建设协调小组,负责全院课程思政相关的协调、督查、评估工作;下设课程思政建设协调办公室,负责课程思政建设具体工作。

两个版本的课程思政建设方案的主要差异在于:牵头部门从宣传部转为教务处、研究生部和教师工作部,协调小组成员从各相关职能部门负责人和主要系部书记扩展到所有系部负责人,体现出上音课程思政工作推进两个阶段不同的建设思路和内涵。在 2017 年的启动阶段,由宣传部发挥其负责全校思想政治教育工作和师德师风建设工作、负责思想政治理论学习计划的制定执行和监督检查工作的职能,从课程思政由党建引领、拓宽课程思政建设视野的角度为全校的课程思政工作打下了坚实的基础。2020 年的升级阶段,改由教务部门和教师工作部牵头,充分体现了课程思政建设深入教育教学全过程、强化教师育德意识和育德能力的新阶段建设要求;同时,教学主体部门的主要负责人全部进入协调小组名单,体现了上音对于在教学一线深入推进课程思政的决心和信心。

由此,全校各职能部门、各系部高度重视课程思政建设工作,精心策划、精心组织,形成了课程思政工作的全院合力。此外,上音专门设立院课程思政教学改革专项资金,对重点孵育课程给予经费支持,在教学工作量核算等方面予以特别对待,在优秀教学成果、精品课程、教师考核评优等方面予以优先考虑,全力保障课程思政各项工作的有序开展。

自 2017 年起,上音依托上海市教育委员会和德育中心的相关政策精神,主动作为,创新实践,将理论研究、系部建设、试点课程、人文课程相结合进行课程思政整体布局,形成了"1+2+22+50+X"的建设架构。其中,"1"指《音乐与舞蹈学课程思政教学指南》的编写工作,将为我国音乐与舞蹈学科的课程思政提供国家标准;"2"为重点建设系部,即以民族音乐系、声乐歌剧系发挥引领作用;"22"为第一阶段试点建设课程和第二阶段重点建设课程数,经过综合测算,既体现对各系部的全面支持,又体现优中选优、保证质量的建设原则;"50"为人文素养选修课程数量,此类课程作为思政和美育总体工作的重要组成部分获得学校更多的关注和资源支持;"X"为其他类别课程,囊括通识课、专业主课、专业基础课、专业选修课等,由此实现 14 个系部各类别课程全方位覆盖。

在《音乐与舞蹈学课程思政教学指南》编写工作方面,上音成立了编写项目小组,由上音作曲指挥系主任周湘林教授担任项目组组长,由上海戏剧学院舞蹈学院党支部书记、副院长,舞蹈学科负责人张麟教授及时任教务处副处长郭辰艳担任"舞蹈学"分组组长,聘请上海交通大学原教务长徐乃庄教授担任总撰稿人,由上音、上海戏剧学院的青年教师组成撰稿小组。项目组收集了上海市拥有音乐与舞蹈学学科点的主要高校的代表性课程大纲、课程思政设计方案和课程思政建设总结报告,已于2024年完成编撰。

在人文素养课程建设方面,上音从课程源头上进行顶层设计,使培养方案、课程设计、课程大纲在德育内涵、育人要求上有体现、有内容、有考核;将通识教育与专业教育相融合,传承与创新教育相融合;有机融入以政治认同、国家意识、文化自信、人格养成为重点内容的育人要求。截至2020年底,上音共完成50门人文素养课程的建设工作,并将从文学、艺术、社会学等学科领域入手,持续进行课程遴选、整合和成效评价。

在第一阶段建设过程中,上音根据专业特点和系部情况,选定了民族音乐系和声乐歌剧系为重点建设系部。其中,民族音乐系入选"上海高校课程思政领航计划",强调"国家意识、人文情怀、创新精神、专业素养、国际视野"为课程思政核心育人特色:一方面,开发专业教育课程的课程思政设计典型案例,如吴强教授的"民族室内乐"课程思政教学设计作为全上海市艺术学门类的唯一代表入选《上海市课程思政教学设计选编》,已在上海市学生德育发展中心组织下拍摄成微课教学案例,为全国同类课程提供参考范例;另一方面,着重推进实践类课程的课程思政建设探索,推出民族音乐特色课程"泱泱华夏·八音觅迹——中国传统音乐漫记""中国传统音乐声音地图""民族音乐讲中国故事""中国传统音乐的当代应用与创作实践研究——从 AI 作曲技术出发"等。其中"泱泱华夏·八音觅迹——中国传统音乐漫记"课程,已在喜马拉雅平台上线首部琵琶课程。"静听琴说——跨界融合音乐会"排演实践将古琴艺术、历史故事与中国文化有机结合,用古琴音乐作品讲好中国故事;"笛韵天籁"原创民族器乐剧用竹之气节、竹之坚韧比拟人所应具备的风骨与不屈的精神,在艺术实践的过程中强化思政内涵。2019年11月,作为课程思政体系建设系列,重点推进项目"华韵国风"音乐会——《我的祖国》民族管弦乐团进高校巡演音乐会在中国科技大学、上海交通大学演出,运用艺术的感染力进一步扩大思政教育的社会辐射面。

声乐歌剧系结合专业特点,发挥专业优势,制定专业思政育人实施方案,以剧目排演(如原创歌剧《贺绿汀》、中国歌剧片段等)为抓手深入专业教学,有计划、有步骤地持续推进课程思政教育教学改革。2019年,结合新中国成立70周年和"不忘初心、牢记使命"主题教育,声乐歌剧系积极组织、开展系列具有教育意义的艺术实践活动,在艺术实践过程中培养学生树立正确的人生观、价值观,培植社会主义核心价值体系;举办古诗词歌曲音乐会,以当代人的视角与审美,将传统的诗词古曲与当代的优秀古诗词作品相结合,将中国古诗词歌曲音乐的整理研究成果搬上舞台,培养师生传承弘扬中华优秀传统文化的自觉性;举办"礼赞新中国·奋进新时代——少数民族声乐表演人才培养音乐会""丝绸之路上的歌声——孟锦慧师生音乐会",展示了丰富多彩的民族文化,也对促进民族团结,展示少数民族声乐艺术有着积极意义,促进少数民族文化传播,使民族艺术瑰宝得到更好的传承、普及与发展。声乐歌剧系还通过举办系列老前辈、老教授的纪念音乐会和讲座活动,展呈该系教书育人、立德树人的优良传统与勇于奉献、与时俱进的担当精神,发挥专业教师和优秀校友对学生思想政治教育的感染和浸润作用。

上音课程思政整体建设包括第一阶段 22 门试点课程(见表2-1)和第二阶段 22 门重点课程(见表 2-2)的建设。试点课程主要围绕强化育人功能的目标,制订或修订课程人才培养目标,完善教学大纲,创新教育教学方式方法,健全课堂教学管理和课程设置管理制度,形成教学规范。

表 2-1　上海音乐学院课程思政整体建设第一阶段 22 门试点课程

序号	课 程 名 称	课程负责院系
1	民族声乐专业课	声乐歌剧系
2	手风琴专业课	现代器乐与打击乐系
3	中提琴专业课	管弦系
4	音乐剧表演之人物塑造研习	音乐戏剧系
5	中国钢琴作品研习	钢琴系
6	乐理	作曲指挥系
7	剧目排演	音乐戏剧系
8	中国新音乐:改革开放 40 年	研究生部
9	中国传统音乐的当代应用与创作实践研究——从 AI 作曲技术出发	民族音乐系
10	指挥法	作曲指挥系
11	节奏与打击乐	音乐教育系
12	乐队课	管弦系

续　表

序号	课　程　名　称	课程负责院系
13	音乐造型	数字媒体艺术学院
14	中国传统音乐	音乐学系
15	音乐教育史	音乐教育系
16	汉英对比及中国音乐文化英译	公共基础部
17	养生功法太极拳	公共基础部
18	应用作曲——中国传统音乐元素探究与创新继承	音乐工程系
19	计算机音乐	音乐工程系
20	打击乐专业课	现代器乐与打击乐系
21	表演艺术概论	艺术管理系
22	大提琴专业课	管弦系

通过本轮建设,各任课教师都积累了一定的教育教学经验,同时结合艺术教育的特色,通过音乐会、社会实践等形式展示教学成果,如打造原创红色遗迹巡礼情景诗剧《追寻》、慰问中国海军南昌舰官兵演出等,扩大了课程思政的社会影响力和辐射效应。

2020年,在第二轮建设周期中,上音又通过系部遴选、专家评审遴选出22门重点建设课程,进一步凝练课程思政要素,更新教育教学手段,完善课程设计,探索"溶盐入汤"的课程思政切入点。

表 2 - 2　上海音乐学院课程思政整体建设第二阶段 22 门重点课程

序号	课 程 名 称	课程负责院系
1	音乐剧剧目排演——2021 届本科毕业大戏原创音乐剧《忠诚》实践教学	音乐戏剧系
2	乐队合奏课(管乐团合奏课)	管弦系
3	中国历代乐论选	公共基础部
4	艺术概论	音乐学系
5	孙文明二胡艺术	民族音乐系
6	合唱	作曲指挥系
7	民族传统体育——八段锦	公共基础部
8	中国声乐风格鉴赏与实践	音乐教育系
9	音乐教学法课程实践与理论	研究生部
10	中国钢琴音乐的历史发展与作品赏析	钢琴系
11	声乐情景化教学——血色浪漫 1921 音乐之旅	音乐戏剧系
12	摄影摄像基础	数字媒体艺术学院
13	计算机音乐制作与歌曲写作 1	音乐工程系
14	独奏(古琴)	民族音乐系
15	歌剧赏析及舞台实践	研究生部
16	民族声乐表演与演唱	声乐歌剧系
17	调性音乐理论、分析与表演	研究生部

续　表

序号	课程名称	课程负责院系
18	当代艺术创作导赏	研究生部
19	中国赋格套曲研究	研究生部
20	美声演唱	声乐歌剧系
21	红色音乐在视唱练耳学科中的渗透与运用	作曲指挥系
22	21 世纪音乐之六法	研究生部

　　两轮共计 44 门课程全面覆盖各学科专业、学位层次及课程类型。第一阶段课程对第二阶段课程进行经验传递，提供团队基础；第二阶段课程反哺第一阶段课程，提供符合"课程思政2.0 版"要求的课程设计和教学手段参考；由此实现两个阶段建设的有效衔接和有机整合，继而以教研室、教学系部为单位进行典型案例学习和有效模式推广，至 2021 年完成"X"，即全校所有课程的课程思政建设。

　　此外，在"1＋2＋22＋50＋X"的整体架构中，上音还适时嵌入主题性、系列性的课程，夯实建设基础，筑牢建设灵魂，于2017 年、2018 年分别开设"中国系列"思政课程"文化中国""国之当歌——五四以来中国创作歌曲的家国情怀"，围绕习近平总书记系列重要讲话精神和治国理政新理念新思想新战略，根据学校办学定位和学科专业特点进行推进，并根据课堂教学内容，汇编课程教学讲义，获得上海高校"课程思政"教育教学体系建设专项计划资助。

2. 专业课程中的思政案例

课程基本信息

课程名称：数字音频设计 B

教学对象：数字媒体艺术方向本科生

学分学时：2 学分 36 学时

课程类别：专业基础课

授课教师：艾尼瓦尔·瓦吉丁 数字媒体艺术学院媒体音乐创编岗讲师

对应教材章节：第一章 声音合成

教学案例 1："中国电子琴之父"田进勤与中国电子乐器自立自信自强发展

田进勤是中国电子乐器领域的杰出科学家，被誉为"中国电子琴之父"。他曾在 1978 年研究发明了弦控电子琴，这是中国研制的第一台合成器。弦控电子琴不仅具有独特的音色控制和演奏方式，还能模拟多种乐器的声音，甚至能制造出火车声、鸟叫、风声、枪声等拟声效果。这一发明不仅展示了中国科学家在声音合成领域的创新能力，也为中国电子乐器产业的发展奠定了基础。

在声音合成相关课程中，教师可以将田进勤的弦控电子琴发明作为引子，通过介绍田进勤的科研经历和创新精神，引导学生思考科技创新对于国家发展的重要意义。同时，教师还可以结合当前声音合成技术的发展趋势和应用前景，鼓励学生积极投身科技创新事业。

此外,教师还可以介绍中国科学家在声音合成算法、声音识别技术等方面的研究进展,以及这些技术如何应用于实际生活中,并为社会发展和人民生活带来便利。具体案例可以围绕某个具体的声音合成项目或技术展开,如智能语音助手、声音识别安全系统等。通过这些案例,教师可以引导学生思考科技创新与国家发展的关系,激发学生的爱国情怀和创新精神;同时,还可以结合当前的社会热点问题,如信息安全、隐私保护等,引导学生探讨声音合成技术在应用过程中可能面临的挑战和解决方案。

教学案例 2:"东方红一号"卫星背后的音乐故事及其对音乐人的启示

"东方红一号"是中国发射的第一颗人造地球卫星,于 1970 年 4 月 24 日在酒泉卫星发射中心成功发射。这颗卫星的成功发射,标志着中国进入了太空时代,并成为世界上第五个自行研制和发射人造地球卫星的国家。

在"东方红一号"卫星成功进入预定轨道后,卫星上的广播器开始播放《东方红》乐曲。这首乐曲是通过卫星上的无线电发射器向全球广播的,使得全世界都能听到来自中国的声音。这不仅是对中国航天成就的一种庆祝,还象征着中国文化的传播和展示。

"东方红一号"卫星的播放装置见证了中国无线电技术、音乐播放装置的科技力量。该播放装置的主要功能是播放《东方红》乐曲的旋律,通过无线电信号将音乐传送到地面接收站。其设计原则是在保证乐音质量的前提下,尽量做到简单、可靠。在音源选择方面,经过广泛调研和比较,科研人员最终选择了铝板琴的音色来模拟《东方红》乐曲。铝板琴的音色清晰悦耳,且实现线路相对简单。在电子乐音设计方面,由于当时的技术条件限制,没有微电脑和大规模集成电路,音乐声全部采用晶体管分立电路实现:科研人员使用6个高稳定度音源振荡器代替6个不同的"键",用程序控制音源振荡器的发音和衰减,并混以谐波产生和音。在信号传输方面,乐音装置产生的电子信号通过短波发射机以20.009 MHz的频率向地面发射。

"东方红一号"卫星音乐播放装置需要承受发射时的力学环境考验以及在太空中工作的考验。为了防止特殊环境对装置造成影响,科研人员采用了环氧树脂固封的方法。在研制过程中,科研人员遇到了乐音变调等难题;经过反复试验和工艺改进,最终解决了这些问题。

"东方红一号"卫星音乐播放装置还充分展示了具有中国特色、中国风格、中国品格的中华民族文化元素。播放装置被装在一个金色的方形盒子里,因此也被称为《东方红》乐音盒。盒子的正面镶嵌了一枚毛主席像章,周围还有像太阳光一样放射着的熠熠金光。像章的下方刻着"东方红"三个字,是按照毛主席的手书临摹而成。该装置不仅是中国航天史上的重要里程碑,还是中国人民智慧和勇气的象征。它向世界展示了中国的科技实力和民族自豪感。

"东方红一号"卫星的成功发射和《东方红》乐曲的播放,为中国航天事业的发展奠定了坚实的基础,并激发了全国人民的爱国热情和对航天事业的关注。如今,"东方红一号"卫星及其播放装置已成为中国航天事业的重要历史遗产,被广泛用于教育和科普活动中。

综上所述,"东方红一号"卫星音乐播放装置是一个集科学技术与象征意义于一体的创新产品。它见证了中国航天事业的辉煌时刻,也承载着中国人民对航天梦想的追求和向往。

3. 在上音办学历史中感受个人与时代的关系

课程基本信息

课程名称:中国历史城市地理

教学对象:面向本科一至三年级学生,不限专业,不限学科方向

学分学时:2 学分　36 学时

课程类别:公共选修课

授课教师:王翩　上海音乐学院讲师

对应教学单元:第十五章　上海音乐地理专题(二)
　　　　　　　"流动的音符与流动的历史:汾阳路 20 号城市景观历史变迁"

教学案例:从借地办学到"城市公园"——上音办学地变迁中的历史

案例描述:

1927 年 11 月,上音的前身——国立音乐院在陶尔斐斯路 56 号(今南昌路 48 号)创办,此后受地租到期、战争等因素影响,先后 10 余次搬迁校址(见表 2 - 3),足迹涉及徐汇、杨浦等地。通过历史地图、影像资料等辅助,教师可从半殖民地半封建社会到社会主义社会的历史发展中总结上音人办学地历史变迁背后的社会因素,通过上音人四处漂泊办学到稳定的现代化校

区建设的转变,展现中华民族从"站起来"到"富起来""强起来"的伟大飞跃。此外,教师还可以结合新时代上音零陵路校区、淮海路校区的拓展建设以及校园开放的举措,分析当前学校践行"人民城市"重大理念的必要性、重要性,尤其是通过对比历史发展脉络,突出当下城市建造"人民性"的深刻内涵;同时,可以结合"衡复音乐街区"建设,引导学生思索音乐如何助力城市发展、文化如何赋能城市品质提升的相关问题。

表 2-3 上音办学地的历史变迁

时 间	校 名	历史地址	今地址
1927 年 11 月	国立音乐院	陶尔斐斯路 56 号	南昌路 48 号
1928 年 2 月		霞飞路 1090—1092 号	淮海中路(常熟路以西)
1928 年 8 月	国立音乐专科学校	毕勋路 19 号花园洋房	汾阳路
1929 年 7 月			
1931 年 8 月		辣斐德路 1325 号	复兴中路
1935 年		江湾区域	民京路 918 号
1937 年		徐家汇路枫林桥口上海骨科医院旧址	—
		马斯南路 58 号	思南公馆内
		高恩路 58 号	高安路
		台拉斯托路 217 弄 5 号	太原路

续　表

时　间	校　名	历史地址	今地址
1941 年 12 月	国立上海音乐院	—	—
1945 年	国立上海音乐专科学校	—	—
1949 年 9 月	国立音乐院上海分院	—	—
1950 年 4 月	中央音乐学院上海分院	—	—
1954 年	中央音乐学院华东分院	漕河泾区域	今上海师范大学徐汇校区东校区内
1956 年	上海音乐学院	汾阳路 20 号	
2019 年		汾阳路 20 号、零陵路 520 号	

注：著者根据《上海市级专志·上海音乐学院志》(华东师范大学出版社 2021 年版)整理。表格中空白处暂未考证确认。

　　为响应"人民城市人民建,人民城市为人民"的理念,上音启动整体提升项目,改造上音靠近淮海中路沿街绿化景观,破除沿街封闭围墙,开放校园空间;同时,保护性修缮淮海中路 1131 号、1189 号、1199 号、1209 号四幢优秀历史建筑,打造一个占地 3 300 平方米的美丽花园,使其成为上音校园开放的重要组成部分。以此为背景,教师可以通过讲清楚今日汾阳路 20 号从曾经的私人花园、外国领馆、警用场地演变为上音校园的历史发展过程,揭示城市只有"为人民"才能获得深厚的建设力量、实现城市活力的涌现;还可以通过讲清学校校址变迁背后的时代因素,从

而增进音乐人与城市的联系,引导学生增强社会责任感。通过
将学校发展与城市历史、国家民族命运紧密结合,教师可以引导
学生认识到艺术不是封闭的,音乐家应与大时代紧密结合,以此
增强学生使命感。

第三章

何以行走：教创演研一体化
育人机制建设

为实现拔尖创新艺术人才培养目标，上音通过打造"行走的音乐思政"，探索提升教创演研一体化育人思政内涵，实现从"学理论""演理论"到"讲理论""信理论""用理论"的递进式素养提升。所谓"教创演研一体化"，就是坚持以立意高远、技术精湛的创作为引领，以高水平教学为贯穿，以高品质演出为检验，辩证统筹人才培养侧需求、供给侧需求，实现原创融入教学、教学围绕实践、实践扎根舞台。

新时代以来，上音始终围绕"为谁培养人、培养什么人、怎样培养人"的根本命题，聚焦拔尖创新音乐人才培养，坚持"中国特色、世界一流"，坚持"笔墨当随时代"，推出了以"教学"为核心、"创作"为牵引、"表演"为检验、"研究"为凝练的"教创演研一体化"人才培养体系。

通过在剧组建立临时党支部，深入搜集、整理凝练好红色场馆背后的历史渊源和革命故事，将其进行系统编排，构建蕴含光荣传统和时代特征、凸显红色传承和思想引领价值导向的音乐微党课，使学生在聆听与思考中，进一步提升学生对党的创新理论与历史的认同感，坚定理想信念。同时，引导学生面向红色场馆管理方、红色音乐剧观众等群体开展专题访谈预调研，进一步践行"以人民为中心"的文艺观，在"演"以外开展党的创新理论武装专题调研，精细化打磨演出，提升文艺作品为人民的思想性与品质。

第一节　"教创演研一体化"育人机制内涵

2011年，上音在本科教学改革中首次提出"实践教学完全模式"方案，此后持续深化改革。自2017年进入国家首批"双一流"后，进一步巩固强化、推广应用，最终形成了"教学与表演"融通、"经典与原创"齐驱、"课堂与舞台"联动、"研究与实践"互补的"教创演研一体化"完整体系。在该体系的支撑下，近10年来优秀学生在中国音乐金钟奖、帕格尼尼国际小提琴比赛、德国ARD音乐比赛等国内外重大赛事中获得高级别奖项2 200余项，文化传承创新与服务社会水平大幅提升。

"教创演研一体化"育人体系聚焦拔尖创新音乐人才培养，有效打通了长期以来音乐专业教育中教学与创作、表演、研究之间存在的梗阻。过去，音乐创作与教学关联度较低，课堂与舞台缺乏联动，科研反哺教学不足，师生教学、创作、表演、研究等缺少对一流全真舞台空间与设施的真实体验与"实战"检验。具体而言，该体系针对性地解决了以下几个问题。

一是解决了音乐创作与教学关联不足、中国特色与原创比例不足的难题。以往音乐创作多以个人兴趣为出发,缺乏教学内涵。而且,专业音乐教学体系目前仍以西方语境为主,西方曲目占比较高,中国原创作品融入教学不足,学生较难获得音乐"母语"滋养。

二是解决了课堂教学内容与舞台实践之间脱节的难题。实践教学是检验专业音乐人才培养的重要手段,但传统音乐教学的主要教学阵地在琴房,容易忽视课堂教学与艺术实践的系统化、一体化。原有教学方式中"一对一""多对一"的模式存在一定局限性,过于注重单项专业技能的训练与提升,往往忽略专业综合素质的全面拓展。

三是解决了音乐研究联系教学、创作、表演实际不足的难题。有些音乐研究简单套用人文社会科学一般研究方法,使本应偏重实践检验的创作、表演、评论理论研究比重减少,缺少问题导向,理论脱离实践,导致研究成果无法有效反哺教学。

"教创演研一体化"育人机制重点推进以下三个方面的内容融合发展。

第一,原创植入教学,实现"以创促教"。以教学为核心抓好"最初一公里",坚持将原创作品植入教学体系,构建"创作—教学"闭环。从源头抓创作,做好制度保障。学院实施创作委约机制,有组织地逐步实现以个人兴趣为出发点的自由创作向"教学导向""时代需要""注重探索"的创作转变,重点关注原创作品到专业教材的转化;先后制定实施了一系列规章制度,重点关注师生原创作品的成果归纳与总结,将其优先选入专业课程教材,形成原创作品反哺教学闭环;配置院级课程教材专项建设经费,以长三角教材推广基地为依托,实现精品教材的广泛运用。

第二,教学与表演融通,实现"以演促教"。围绕夯实人才培养内涵基础,通过实践课程设计和实施,推动实践与教学融合,达成"实践—教学—实践"的螺旋式上升。2011 年,上音颁布《本科实践教学体系及实施细则》,将实践教学正式纳入本科教学体系,其中实践教学总学分占比 20%～25%,原创作品曲目排演占实践教学总学分 50%及以上;配套开设"演奏演唱实践""民乐经典作品解析"等十余门舞台表演精品课程,加强课堂教学与舞台实践的融合度。此外,上音首创"双实践周"项目,在舞台排练过程中将新作困难片段与相近风格经典作品相结合实施现场教学,在实践中不断打磨和积累,实现从课堂到舞台的无缝衔接。

第三,搭建学科平台,实现"以研促教"。打通科研到教学的"最后一公里",通过高水平学术和实体平台建设,围绕人才培养模式改革,将研究成果演化为教学手段,实现研究与教学互补。创设贺绿汀中国音乐高等研究院、音乐艺术研究院等学术平台,以中国音乐史学、中国现当代作曲体系、少数民族器乐研究、中国红色音乐文化传播等研究领域的国家重大哲社项目为牵引,构建中国音乐研究体系,并将最新研究成果反哺教学。创办"百川奖作曲比赛""中国艺术歌曲国际声乐比赛"等重大艺术赛事平台,通过高水平赛事加强教学、创作、表演研究。依托国际一流的上音歌剧院,打造高水平综合性拔尖创新人才培养平台,并以此为牵引,打造沉浸式课堂,大幅提升传统课堂教学无法提供的全真氛围,推动"教创演研一体"的教育综合改革。

本体系基于对传统教学模式的深刻认识,聚焦拔尖创新人才培养的底层逻辑一致性,着力搭建各环节之间的桥梁,进一步打通"创—演""演—研""研—创"的双向互通关系;同时,配套实施"顶培计划",以赛事综合检视人才培养质量,通过在世界一流舞台与高水平同行同台竞技,不断完善拔尖人才培养模式。

第二节　音乐实践中的临时党支部建设与现场党课

一、临时党支部建设

根据《中国共产党支部工作条例(试行)》第八条规定为执行某项任务临时组建的机构,党员组织关系不转接的,经上级党组织批准,可以成立临时党支部。上音在每一个大型演艺剧组成立临时党支部,在巡演路上结合演出内容和当地红色资源开展"行走的音乐思政",形成了学校的传统,思政育人成效显著。

临时党支部必须自觉接受批准其成立的上级党组织的领导,按照要求汇报工作。临时党支部还要担负好党内法规、党内规范性文件明确的其他有关职责。临时党支部及批准临时党支部成立的上级党组织应根据临时党支部的实际情况和党支部建设的需要,补充临时党支部应该担负的职责。

在严格落实相关规定以外,上音高度重视发挥大型演艺剧组临时党支部作的思想引领功能。

根据规定,临时党支部书记、副书记和委员由批准其成立的党组织指定。2023 年,为参演第五届中国歌剧节,由上音出品的歌剧《茶花女》和《康定情歌》剧组分别成立临时党支部。学校党委书记裴小倩为这两个临时党支部授旗。裴小倩强调,新一代上音人必将遵循习近平总书记在五四青年节给青年学生的回信中所强调的精神,志存高远、脚踏实地,把课堂学习和舞台实践紧密结合起来,接好前人的接力棒,牢牢把握高等教育和文艺工作在中国式现代化建设中的责任和使命,不负时代、不负韶华,以学校"双一流"建设高质量发展和"拔尖创新人才"培养的成果,凝聚文化艺术精神力量,为推动"人民城市"建设,谱写上音人的崭新乐章。

上音院长廖昌永分别为作曲指挥系、声乐歌剧系、管弦系、数字媒体艺术学院、现代器乐与打击乐系、音乐学系、钢琴系、艺术管理系等参演院系以及学工部、教务处、研究生部、艺术处、后保处、教育信息技术中心、周小燕歌剧中心等职能部处颁授上音参加第五届中国歌剧节纪念证书,统一思想、统一行动。院系与职能部门代表结合学校"教创演研一体化"人才培养模式,分别从构建拔尖创新人才培养孵化助推平台建设,从创作、表演、理论、应用等多学科联动为学生搭建高标准国际化艺术实践舞台,从代表学校参加全国重大演出、接受全国人民检验等方面做了重点发言。这既是上音全面贯彻落实党的二十大精神的生动实践,也是上音结合主题教育深入开展学习习近平总书记重要指示精神的成果体现。

加强临时党支部建设,打造坚强战斗堡垒,必须时刻将党的最新理论成果、最契合活动主题的党史教育素材、最体现时代风貌的先进事迹等学习贯穿临时党支部活动始终。通过临时党支部擦亮"行走的音乐思政"政治底色,必须紧紧围绕立德树人根本任务,不仅要自上而下开展理论学习,还要充分发挥学生主动性,强调学习的个性化和知识内化的交互性,深化师生交流互动,创新思想政治教育的教学理念和内容。在赴第五届中国歌剧节参演的出征仪式上,参演学生代表王楚玥、许越铭宣读了《写给全体参演学生的一封倡议书》:

写给全体参演学生的一封倡议书

亲爱的同学们:

上周五的晚上,相信大家的朋友圈都被同一篇文章刷屏了:文化和旅游部公布了第五届中国歌剧节的参演剧目名单,由上音出品的《康定情歌》和《茶花女》两部歌剧双双入选。中国歌剧节是由中华人民共和国文化和旅游部主办的、我国歌剧领域的国家级艺术盛会。参与展演的几乎是全国范围内最优秀的职业院团。上音以艺术院校代表入选,并且在一共入围的 24 部歌剧中,上海音乐学院是唯一的两部作品入选院校,作为上音人,我们无不感到激动和骄傲! 这不仅是巨大的荣誉,更是一份责任。在学校统一安排下,作曲指挥系、声乐歌剧系、管弦系、现打系、钢琴系、数媒学院、音乐学系、艺术管理 8 个系师生都参与了进来,两个剧组都在紧锣密鼓地排练中。在这个关键的时刻,我们向大家发出如下倡议:

第一,坚持职业精神,展现上音水准。作为以在校学生组成的演艺团队,我们要在全国歌剧爱好者面前展示出丝毫不亚于职业院团的职业精神和专业水准。毫无疑问的是,我们的主演、合唱团员和交响乐团成员都有着精湛的技术。我们不仅要保持一流的音乐规格,更要展现我们团队合作的力量，展现上音人的精气神！

第二，严格遵守纪律，注意舞台安全。这两部作品都是两百多演职人员的大制作，这也给我们的纪律提出了要求：任何一位演员的缺席和"划水"都会使整体的舞台效果大打折扣，甚至导致演出事故。在接下来的时间里，请大家严格遵守纪律，认真地对待每一次排练，杜绝无故缺勤、迟到和早退的现象，请假等事宜必须按照流程办理；在排练过程中注意安全，特别是在走位、攀爬、进入乐池、使用道具时，务必遵守操作规范，服从导演和指挥的安排，避免意外受伤，造成人员损失。中国歌剧节，我们一个也不能少。

第三，努力克服困难，彼此团结一致。习近平总书记曾说，上下同欲者胜。在中国歌剧节的舞台上完美地演绎这两部作品，既是参演师生的共同心愿，也是学校和社会各界对我们的期待。大家不仅要完成繁重的学业，还要拿出大量的时间来参加排练。个中辛苦，老师们都看在眼里，记在心里。在大家的身后，还有许多默默奉献的老师和剧组工作人员，在同学们下排以后，他们仍然留在剧场讨论剧情，修改细节，核对乐谱……老师们也在尽力为同学们减轻负担，同学们提高效率也能让老师们的工作更加顺利。在接下来的时间里，希望大家能够克服各种困难，团结一心，共同把这一件光荣的任务完成好。

兄弟姐妹们，让我们打足精神，拿出劲头，为了不久之后的绽放而努力吧！

上海音乐学院全体参演第五届国家歌剧节学生

2023 年 5 月 8 日

二、现场党课案例

1. "山海情"现场党课

> **课程基本信息**
>
> 党课主题：山海情、民族情、领袖情——贯彻新发展理
>   念，构建新发展格局
> 授课教师：徐宇宏　上海音乐学院讲师
> 教学方式：理论讲解、音乐演绎、参访研学
> 演出活动："贺兰山葡萄酒之夜"开幕式音乐会
> 研学现场："脱贫攻坚教育基地"——闽宁镇扶贫协作
>   展示馆

2021年，电视剧《山海情》广受赞誉，引起全民热议。故事描述了20世纪90年代，从宁夏西海固地区搬迁到玉泉营地区的移民们从无到有地建设新家园的历程。其原型便是现实中的宁夏回族自治区的闽宁镇。

闽宁镇中的"闽"指福建，"宁"指宁夏。作为20多年前福建和宁夏共同建设的生态移民点，闽宁镇如今已从当年只有8 000人的小村庄发展成为拥有6万多人的"塞上江南小镇"。

2021年9月7日，在圆满完成6日"贺兰山葡萄酒之夜"系列音乐会的开幕式音乐会演出任务后，上音学子一行前往闽宁镇"脱贫攻坚教育基地"——闽宁镇镇史馆（又称闽宁镇扶贫协作展示馆）进行参观学习，开展"行走的音乐思政"。

上音马克思主义学院思政课老师徐宇宏在此地为同学们带

来了一堂主题为"山海情、民族情、领袖情——贯彻新发展理念，构建新发展格局"的现场思政课，带领学生学习闽宁红色文化和区域合作、结对帮扶发展的"闽宁模式"，了解我国脱贫攻坚、乡村振兴的奋斗史。通过学习，同学们深刻感受到自己作为新时代上音青年所肩负的责任与使命。

习近平总书记指出，要完善东西部结对帮扶关系，拓展帮扶领域，健全帮扶机制，优化帮扶方式，加强产业合作、资源互补、劳务对接、人才交流，动员全社会参与，形成区域协调发展、协同发展、共同发展的良好局面。20多年来，一批又一批福建援宁队伍和宁夏人民携手并肩、接续奋斗，用智慧和汗水创造了东西部对口扶贫协作帮扶的"闽宁模式"。在今天的塞上江南，闽宁协作的"山海情"正在续写新的篇章。

面对全面建成小康社会决胜阶段复杂的国内外形势，面对经济社会发展的新趋势、新机遇和新矛盾、新挑战，党的十八届五中全会坚持以人民为中心的发展思想，鲜明提出了创新、协调、绿色、开放、共享的新发展理念。新发展理念是中国共产党关于发展理论的重大升华，是习近平新时代中国特色社会主义经济思想的主要内容。

在新发展理念中，创新是引领发展的第一动力，注重解决动力问题；协调是持续健康发展的内在需求，注重解决发展不平衡问题；绿色是永续发展的必要条件，注重解决人与自然和谐共生问题；开放是国家繁荣发展的必由之路，注重解决发展内外联动问题；共享是中国特色社会主义的本质要求，注重解决社会公平正义问题。

"闽宁模式"是贯彻新发展理念的伟大实践成果，是在习近平总书记的亲自关心和擘画下实现的新时代中国特色社会主义建设的辉煌成果。1997 年,当时在福建工作的习近平到宁夏策划了移民吊庄工程,推动建设"闽宁村"。2023 年,闽宁镇的人均年收入已从移民开发之初的 500 元左右增加到 1.78 万元以上。

"闽宁模式"已实现全面升级——优势互补,互惠互利,长期合作,共同发展,并在全国推广。至 2017 年,我国东部 9 省市和 13 个城市结对子西部 10 个省区,实现对 30 个民族自治州的帮扶全覆盖。

上音也积极响应号召,通过校地合作,助力少数民族音乐教育,传承和保护传统音乐文化,在少数民族地区开展人才培养工程。

2022 年 9 月,受宁夏回族自治区党委、政府邀请,上海音乐学院组团赴宁夏参与第二届中国(宁夏)国际葡萄酒文化旅游博览会,为当地献演"贺兰山葡萄酒之夜"音乐会。从东部沿海走进西部塞上,走进贺兰山下,走进闽宁特色小镇,师生们跨越山海,情牵万里。在此次宁夏行走中,同行的思政教师徐宇宏表示深切领会到"理论与实践辩证,知与行合一"的意蕴。

当晚的音乐会由上海音乐学院交响乐团常任指挥周珂副教授指挥,上海音乐学院交响乐团倾情演出。音乐会在选曲上精心策划,其中包括了"上音人红色三部曲"——由上音杰出校友、新中国培养的第一批交响乐作曲家、"七一勋章"获得者吕其明先生创作的《红旗颂》,由上音知名校友、钢琴家殷承宗、储望华等根据曾就读国立音乐院(上音前身)的人民音乐家冼星海的《黄河大合唱》改编创作的《黄河》钢琴协奏曲(钢琴独奏:解静娴），由何占豪、陈钢主创，上音人"联合大作业"推出的小提琴协奏曲《梁山伯与祝英台》（小提琴独奏：王之炅）等经典音乐作品，充分体现出上音持续深耕红色音乐文化传承事业的服务担当。音乐会亦有展现宁夏本土风情文化的《美酒飘香贺兰山》（演唱：陈阳），以音乐"礼赠"宁夏，表达出对双方未来密切合作、友谊长存的祝愿。同时，还有管弦乐《炎黄风情》选段，特别挑选了既有北方地区风格曲调的《对花》，又有江南缠绵吴语的《紫竹调》，用西洋管弦器乐表现脍炙人口的中国民歌旋律，令听众在张弛有度、委婉动听的音乐中感受到了艺术的魅力。

除了举办音乐会，本次上音团队赴宁夏参与的合作项目还有：建立上海音乐学院艺术创作采风基地，根据相关政策为宁夏少数民族音乐人才提供培训和学习深造机会，结合贺兰山东麓葡萄酒产区风土，加强贺兰山葡萄酒文化艺术作品创作，构建经典曲目等。

此次宁夏之行，体现了上音把宁夏作为学校投身少数民族音乐教育、传承和保护传统音乐文化、助力民族地区经济社会发展的实践基地，是上音深化"教创演研一体化"的积极实践，也是对新发展理念的生动诠释。

在此次宁夏行中，通过演出实践，思政理论课与校外实践活动深度融合。思政教育主阵地与主渠道在工作上配合，在资源上整合。演出中，多名上音骨干教师担任各声部首席，把"教学演研一体化"落到实处，在舞台上、在行进的大巴里浸润式教学。在闽宁镇的参观学习过程中，大家一起学习闽宁红色文化，学习"闽宁模式"的内涵与经验，了解我国脱贫攻坚、乡村振兴的奋斗史，在教与学中共同提高、一起进步。

　　"行走的音乐思政"的实效出于"行走",通过"行走"深化理论、丰沛心灵。此次宁夏行以多学科联动、创新艺术思政模式开展"行走的音乐思政",秉承上音"教创演研一体化"人才培养模式,坚持立德树人,一路走、一路歌、一路学。师生在行走中用眼睛发现中国成就,用耳朵聆听中国步伐,用身心感受中国精神,亦让学生们感受到自己作为新一代上音青年所肩负的责任。

　　2. 民族歌剧《康定情歌》现场党课

> **课程基本信息**
>
> 　党课主题：用好思政的"盐"——讲好民族歌剧的叙事
> 　　　　　　主题与精神意涵
> 　授课教师：李敏　上海音乐学院副教授
> 　教学方式：理论讲解、音乐演绎
> 　演出活动：杭州歌剧节、"蓉城之秋"成都艺术节
> 　研学现场：登台演出前动员会

　　民族歌剧《康定情歌》是上音为庆祝中国共产党成立100周年而创作的重磅作品。该剧在2022年1月于上音歌剧院预演了2场音乐会版本后,9月正式首演了歌剧版。由于备受欢迎和肯定,这部歌剧又于11月在上音歌剧院连演6场。除了入选第五届中国歌剧节,该剧还获得了文旅部2022—2023年度"中国民族歌剧传承发展工程"重点扶持剧目以及教育部"2023年度高校思想政治工作质量提升综合改革与精品建设项目"。

　　在该剧入选第五届中国歌剧节后,主创团队对作品又进行了精心打磨,最终使在杭州呈现的两场演出都体现出了极高的

艺术水准。该剧制作人、上音数字媒体艺术学院院长尤继怡表示："'两路'精神对于我们有着极其重要的意义，因此歌剧《康定情歌》也一直在努力调整到最好，已经至少打磨了七稿。""多次打磨让参演的学生们能够不断去用舞台表现来反观和检查自己的学习，拉近了理论学习和舞台实践之间的距离；另外，在情感表现上，大家对角色的熟悉、对音乐的理解都在逐步加深，经验有了积累，就会越来越显露到艺术层面上去。"指挥家张国勇表示，因为多次打磨，自己已经开始把更多的精力投入到发掘音乐内涵中去了："歌剧最美的地方是有词、有歌。我们通常用个行话，说歌剧是拿来听的，而不只是看的。我在排练过程中，明确能感觉出同学们的演奏和演唱都在成长，对音乐有了更细致、更深入的了解——有了这些理解，才能让这部歌剧插上翅膀，飞起来。"

歌剧《康定情歌》在音乐上取材于具有世界影响力的中国传统民歌《康定情歌》。这首民歌最初来源于流传在四川康定地区的民歌小调"溜溜调"，属于民间的爱情民歌。担任总导演和艺术总监的廖昌永说："我出生、成长在四川，小时候就对修建川藏公路（原称康藏公路）的故事耳熟能详，也充满了敬佩，后来一直想着将这个故事找到合适的机会搬上舞台。最终，我们上音在和四川甘孜藏族自治州共同打造这部戏时，选择了基于《康定情歌》去讲述当年修路的故事。"

这部歌剧讲述了大学毕业生尚镛怀揣少年时的理想来到雪域高原，并在这里邂逅爱情，在高山哨卡与神秘的藏族老人次旺、藏族姑娘嘎玛和身负重伤后脱下军装转业到地方的道班班长洪忠义之间感天动地、震撼人心的故事。它反映的时代背景是，在党中央统一领导和指挥下，由解放军、工程技术人员和当地人民群众组成的 11 万筑路大军，于 1954 年建成总长四千多公里的川藏公路、青藏公路，结束了西藏没有公路的历史。

无论是思想性还是艺术性，《康定情歌》都备受业界与市场的肯定。在杭州参加中国歌剧节演出时，该剧成为观众热追的作品之一，充分展现了一部优秀民族歌剧的魅力，也全方位展示了上音在"教创演研一体化"育人体系下培养出的人才水准以及大型歌剧制作实力。

该剧作曲、作曲指挥系系主任周湘林和上音附中校长丁缨说，在创作采风阶段他们都被"每一公里就有一个烈士的英灵"这句话深深地震撼了。看到当地险峻的地貌，创作者们才真正体会到先辈们为了国家建设所付出的一切，也决心创作出一部能真正呈现"两路"精神的作品。为此，他们不辞辛苦，走访了大量民间艺人，多次前往藏族音乐传承保护数据中心、文化馆、博物馆等，收集了很多第一手资料，深入了解当地藏族音乐的特点。在最终呈现的音乐中，"溜溜调"的核心音调被贯穿在全剧的每一个角落，藏族民间音乐的浓郁特色也被小心而珍惜地运用。创作者们表示力求使全剧在音乐上具有革命情怀、大众情趣、专业素养。

该剧的执行导演曹晓雯表示，剧中尚铺与次旺父子相认这条线索让人动容："我们从《星辰是家》这曲开始，就铺垫了尚铺与次旺初次相见、似曾相识的表演线索，一直到《军人的后裔》中尚铺唱出'国家强，人要强'，次旺认出了儿子，再到《家书》唱出实情，父子相认了，但相认之时就是诀别之刻。排练时演员们就几次把我唱哭……"在排练中，她一直要求演员们深入理解革命先辈们是怎样冒着生命危险、付出了怎样的巨大代价，才让"天堑变通途"的。最终，当饰演次旺的演员意味深长地唱出"也许，有一天，你会懂得，爱的含义"时，所有人都被打动了，演员们与《康定情歌》的故事也真正达到了同频共振。

《康定情歌》中的"康定"是典型的多民族交融地区，也是中华民族共同体的一个缩影。

在《康定情歌》中，中华民族共同体的主题不言而喻。对于同学们而言，演好这部剧不仅要把握住这一政治主题，还要在日常的学习和生活中坚定政治立场，在民族团结、祖国统一的历史主流中承担起自己的责任和使命。

此外，《康定情歌》还表现了一不怕苦、二不怕死，顽强拼搏、甘当路石，军民一家、民族团结的"两路"精神。

在4年修建过程中，11万军民在海拔4000多米的高原上从徒手敲石开始，用铁锤、镐头这样的原始工具劈开悬崖峭壁、降服险川大河，其间还要克服高原反应、地质灾害、资源短缺等困难。军民们穿越雪山，降伏险川，横穿大断裂带，在"人类生命禁区"创造了世界公路建设史上的奇迹，而3000多名英烈的生命却永远留在了高原。这段筑路历史之所以能凝结升华成一种精神，就在于这不是一项普通的修路工程，而是人类向"世界屋脊"发起挑战的极限工程。这样一项工程的完成，又恰逢在一穷二白、经济和技术都十分落后的新中国成立之初，完成这样的挑战一定需要超于常人的精神境界和意志品质。

在《康定情歌》排演过程中，思政教师李敏为学生们开设现场党课。李敏认为，在民族歌剧的创演过程中，思政教育这一把"盐"不可或缺。民族歌剧既是历史叙事的艺术载体，也是精神光谱的生动诠释,这就需要提炼出它的历史深度、时代广度和精神向度,用具有纯度的思政之"盐"融入其中,助力创演者充分把握歌剧的艺术性和思想性,实现其艺术生命的成长。创演《康定情歌》这样的民族歌剧,学生不仅是在打磨自己的专业技艺,也是在接受历史教育和精神洗礼。思政课的现场教学要充分发挥功效,就要围绕艺术作品的叙事逻辑,善于提炼其主题精神、历史背景和现实价值。

通过教师讲解,学生从康定地区的历史出发,理解了《康定情歌》剧中所彰显的民族融合、民族团结、大一统这一中华文明历史主流;从"情"字的深刻内涵入手,把握了剧中超越于"小爱"的"大爱"——藏汉民族情与军民鱼水情;从筑路英雄的故事读起,领会了该剧所弘扬的"两路"精神。今天,在中华民族伟大复兴的征程上,"两路"精神与党创造历史过程中凝集的各道精神光谱构成了中国共产党的精神谱系。这一道道从历史中凝结而成的光芒,是复兴征程上永恒的精神指引。

第三节　红色音乐与红色场景协同
打造沉浸式育人实践

红色音乐与红色场馆协同打造沉浸式实践育人机制以不断提高思政课的针对性和吸引力为理念,融入真实生动的红色文化素材,采用"教创演研一体化"与思政教育教学深度融合的形式,实现让学生走进红色场馆接受思政教育、让中国共产党人精神谱系通过红色音乐深入社会民心，全面调动学生的生理、心理感知经验，充分发挥学生在学习场景中的主体作用，以此增强思政课的沉浸性、参与性和互动性，引导学生将个人成才之"小我"融入社会发展之"大我"之中，培养作为社会主义建设者和接班人的责任感和使命感。

用好红色场馆资源是增强思政课吸引力、传承红色基因以培根铸魂育英才的实践要求。红色场馆是留存红色记忆的重要载体，是开展红色教育的重要形式，是弘扬中国精神的重要渠道。党的二十大报告中指出，弘扬以伟大建党精神为源头的中国共产党人精神谱系，用好红色资源，深入开展社会主义核心价值观宣传教育，深化爱国主义、集体主义、社会主义教育，着力培养担当民族复兴大任的时代新人。《求是》2021年第10期刊登习近平总书记的重要文章《用好红色资源，传承好红色基因，把红色江山世世代代传下去》。2021年，教育部、国家文物局联合发布《关于充分运用革命文物资源加强新时代高校思想政治工作的意见》（文物革发〔2021〕25号），强调要坚持政治引领、传史育人、守正创新，推进革命文物资源深度融入高校思想政治教育、日常教育体系、师德师风建设和校园文化塑造；推进党史学习教育、"四史"宣传教育在高校广泛覆盖、落地生根；增强高校思想政治工作的感染力、说服力、吸引力，让红色基因、革命薪火代代相传。

红色音乐剧沉浸式实践育人是音乐戏剧专业教学改革的内在要求。沉浸式戏剧可以在观众、演员、场景、剧情之间建立情感共振与场际共振。红色音乐剧与红色场馆协同实现沉浸式实践育人是培育拔尖创新艺术人才的路径创新。上音坚持立德树人根本任务,不断打造舞台艺术精品,落实"教创演研"一体化人才培养模式与拔尖创新人才的培养方案,结合音乐戏剧专业特色在协同育人方面做出特色和亮点。

随着"大思政课"研究与实践的深入,沉浸式思政教育成为育人途径创新点。然而,许多"沉浸式+"教育模式往往强调学生接受教育的单项维度,缺乏从"学理论""演理论"到"讲理论"的递进式推进,现有的实践内容侧重唱演现有红色音乐作品,但缺乏针对特定红色文物、红色人物、红色故事等育人元素的挖掘。

由此观之,"大思政课"视野下的红色音乐沉浸式实践育人活动,应以红色场馆或红色遗迹历史现场为场景,以中国共产党人精神谱系主题叙事为内核,在引导学生获得感官体验、情感体验、价值体验的基础上,推动学生自主完成理论知识学习、意义建构和价值养成。

一、红色场馆与红色音乐唱演

2019年7月,上音采风实践团队师生在喀什地区开展了六场"心系沪疆情,建功新时代"主题公益演出,结合实践地不同的实际情况适当调整演出内容形式,为当地群众与官兵送去音乐关怀,以音乐服务社会,借音乐温暖人心。

(1)伽师县文化广场演出

在伽师县文化广场临时搭建的汽车舞台上,老师和同学们为上千名少数民族观众们演出了《梁祝》《我爱你中国》《一杯美酒》等歌颂党、歌颂各民族团结友谊的作品。师生们深入群众当中,边实践,边成长。

（2）红其拉甫出入境边防检查站演出

红其拉甫有着世界上海拔最高的陆地口岸，也是中国与巴基斯坦唯一的陆路进出境通道。在这里，上音师生们为可爱的官兵带去了准备已久的节目：《怀念战友》与红其拉甫官兵怀念无数为守边疆故去的战友之情相契合；《天之大》通过对母亲的思念，讴歌大爱的延续，唱哭了在边境守卫的人们，也唱哭了在场的师生。

（3）红其拉甫前哨班演出

在红其拉甫的第二天，上音师生克服不同程度的高原反应，来到海拔4 900米的红旗拉甫前哨班，这里的含氧量只有平原的48%。如此艰苦的环境里，边防官兵依然坚守着。师生们齐心协力，在歌曲间奏中吸氧，坚持完成了在前哨班的小型演出。

（4）红其拉甫国门演出

师生们来到海拔5 100米的红其拉甫7号界碑旁，为两位在口岸坚守的官兵演唱《我和我的祖国》。国界的那边，巴基斯坦人民也唱起了歌，真挚而动情。

（5）塔合曼边防连演出

塔合曼边防连是距离塔吉克斯坦仅有30多公里的边防连，周围是延绵巍峨的雪山。战士们长期顶着复杂边境工作的巨大压力，守卫着祖国的土地。在边防连的大厅里，战士们席地而坐。上音的师生打开随身携带的小音响，伴着战士们的掌声，唱出一首首动听的歌曲。师生们离开前，贴心的战士为他们准备了随行的氧气袋供路途中备用，与他们挥手再见。

（6）克孜勒苏柯尔克孜自治州演出

在喀什一望无垠的戈壁滩中驻扎着这样一支坚韧的部

队——中国人民解放军 69098 部队。师生们踏进那里的第一刻,便有了从内心油然而生的震撼。这次演出伴随着晴朗、阴雨和雨过天晴的三重天气变化,也伴随着许多的鲜花与掌声,还伴随着热情的呼喊与即兴的融合——来自上音的少数民族辅导员艾力开木·艾尔肯老师与士兵姐妹共同载歌载舞,长笛演奏家温宇昕老师走下舞台,融于战士们构筑的海洋……当最后几支歌曲唱完,天空刚好挂上两道绚丽的彩虹,这或许就是边防工作的缩影:烈日当空、风雨之中,唯有坚守方得彩虹。

除了系列演出,上音还为喀什之行准备了一堂主题音乐党课。7 月 6 日下午,由上音主办、喀什海关承办的"不忘初心、牢记使命"主题音乐党课在喀什广播电视台演播大厅开课。

主题音乐党课分为五大板块,由来自上音的教师担任主讲,课间穿插经典红色歌曲,通过讲解和表演相结合的方式,将具有代表性的红色音乐及波澜壮阔的时代画卷融入主题宣讲之中,让大家在艺术的强大浸染力中学习党史、感悟初心、牢记使命。

通过此次活动,广大党员进一步坚定了初心信念,强化了使命意识,为开展主题教育实践活动创造了良好的社会氛围和舆论环境。

喀什地区有关领导以及来自上海市对口支援新疆工作前方指挥部、广东省对口支援新疆工作前方指挥部、新疆出入境边防检查总站南疆轮训大队、喀什女子监狱、武警南疆指挥部、喀什海关等部门的代表共 260 余人参加了此次主题音乐党课。

二、红色音乐文化研究

上音于 2018 年成立"中国红色音乐文化研究与发展中心",

发起并连续主办三届"中国红色音乐文化论坛暨全国音乐学院思政课教学改革与协作论坛"，研发以"以美育人、培根铸魂"为主题的上海高校辅导员培训课程。上音打造的系列音乐党课于2019年被列入上海市教育卫生工作党委"伟大工程"首批示范党课，于2020年被选入上海市教育卫生工作党委系统基层党建创新项目进行培育。

在上海市文教结合项目的支持下，上音于2019年启动实施"中国百年红色音乐文化研究发掘工程"。在此基础上撰写的《中国红色音乐文化传播研究》入选2020年国家社科基金艺术学重大项目，预期将产生一系列重要成果，发挥育人、资政、启民等多重效能，在全国形成红色音乐文化研究和传播的高峰。

红色音乐作为中国共产党红色文化的重要组成部分，也是20世纪初以来中国新音乐文化的重要组成部分。在发扬革命优良传统、传递红色文化基因的语境下，红色音乐在当今音乐体系中具有广阔的发展前景。上音研究团队对建党100年来的新民主主义革命时期、社会主义革命和建设时期、改革开放时期以及中国特色社会主义新时代的红色音乐文化资源进行系统、全面的目录式梳理，形成《红色音乐研究的学科理论与问题框架》《音乐七十年》《改革开放40年中国音乐》等专报，并发表在报刊和专业杂志上。

为将红色音乐文化梳理成果有效运用在学校党建、思政方面，凸显学科特色，挖掘红色音乐中艺术家和音乐思想政治的教育价值，上音与中组部3大干部学院、教育部8家"中共革命精神和文化资源研究中心"高校、11所专业音色音乐文化论坛暨第二届全国音乐学院思政课教学改革院校等共建"中国红色音乐文化育人联盟",打造"音乐党课"品牌,探索艺术思政新模式,并举办了系列实践活动:《春上海1949》《海上音》《贺绿汀》等一批红色音乐原创作品,促使上音师生一路走、一路学、一路演,被新华社称为新时代的一次"精神长征";与上海大学共同开展"人民城市人民建,人民城市为人民"上音上大专题联组学习活动。在实践基础上,上音团队总结相关经验形成研究成果:《用红色音符谱写初心乐章——上海音乐学院学思践悟新思想探索"音乐思政"新模式》被《让初心薪火相传 把使命勇担在肩——中共上海市委"不忘初心、牢记使命"主题教育案例集》收录;《上海音乐学院党委——积极探索"音乐党课"创新模式》被《上海市教卫工作党委系统基层党建创新项目》收录。

红色音乐文化资源的保护开发利用将对当代音乐创作,尤其是革命历史题材和"主旋律"音乐作品创作产生重要的影响和示范效应;对音乐与党建、思政教育相结合的工作模式的优化将有利于深入推进高校立德树人的初心使命。此外,由红色音乐文化的艺术特征和发展规律深入研究过程衍生出的相应理论成果,对当下中国音乐文化建设尤其是红色音乐文化建设也有较高的参考价值。

第四节　音乐交流与音乐帮扶

音乐作为一种艺术形式,具有连接人心的独特力量。"行走的音乐思政"育人实践,通过"走出去"和"引进来"让音乐教育与思政教育的融合"有声有色"，让上音的音乐资源与音乐教育走遍中国大地。通过"走出去"，上音让思政课堂走出校门，走进全国爱国主义教育示范基地、兄弟院校、专业院团，走到民俗文化现场、非遗传承人身边，发展"第二课堂"，拓展艺术采风一手资源，运用党的创新理论指导实践。此外，通过"引进来"，上音将生动的社会现实生活引进校园，以邀请非遗传承人进校园等活动，实现理论和实践的"融圈破壁"，推动"思政小课堂"与"社会大课堂"紧密结合，引导同学铸牢中华民族共同体意识，增进文化自信自强。

相知无远近，万里尚为邻。近年来，上海对口支援新疆喀什、西藏日喀则、青海果洛、贵州遵义等地，上音在其中承担着"双一流"高校的使命担当，以文化助力产业转型，开展各类校地合作，助力少数民族音乐教育，传承和保护传统音乐文化，开展人才培养工程，助力各地产业转型。上音的志愿服务团队通过音乐教学、艺术创作和校地合作等形式，以音乐强大的精神力量传递正确的世界观、人生观、价值观，点亮听众的音乐梦想，助推乡村小学音乐艺术教育和乡村文化建设，为新时代乡村振兴战略贡献高校方案。

案例 1：赴内蒙古开展音乐交流

2019 年，上音"行走的音乐思政"实践团与内蒙古师范大学音乐学院作曲指挥系交流两校的教学情况与课程安排，欣赏由内蒙古师范大学表演系学生演奏或演唱的精彩的马头琴曲、长调音乐和短调民歌，了解这些音乐形式的大体发展历程。双方师生交流探讨了相关专业知识，交流了各自创作的作品及理念。

在鄂尔多斯大剧院，上音师生了解鄂尔多斯民间音乐及其特点,与鄂尔多斯民族歌舞剧院艺术家们深入交流,探讨民族乐器如马头琴、伊克勒等,并了解呼麦等技法,学习相关专业知识,共同探讨内蒙古民族音乐的未来新发展方向。全体师生现场即兴演唱由马头琴伴奏的《我和我的祖国》,别有一番风味。在鄂尔多斯文化艺术中心,上音师生参观了内蒙古地区民间文化展览馆,观赏民族音乐剧《这片草原》的彩排表演。

"古如歌"作为蒙古族长调的一种,其歌词内容丰富,多为主题严肃、内容正统的无伴奏合唱音乐。在杭锦旗古如歌音乐博物馆,上音师生欣赏了由古如歌代表性传承人古日巴斯尔老师及其歌唱团即兴演唱的三首正歌合唱,参观古如歌展。

案例2:赴兰考县开展音乐交流与结对帮扶

为响应文化精准扶贫的号召,上音师生以音乐帮扶的形式来到开封市兰考县,先后赴兰考县人民文化馆、焦裕禄精神中小学德育教育中心和七色光艺术培训中心等单位进行参观交流,不仅为当地的学生呈现了精彩的表演,还为他们深入讲解了乐器的发音原理与演奏技法。上音管弦系师生在兰考县人民文化馆开展了铜管乐团专题辅导,对文化馆学员们进行专业的演奏指导,获得文化馆学员的热烈反馈。活动由上音数字媒体艺术学院的同学通过网络直播的方式同步播出,逾千人的点击量扩大了音乐帮扶的辐射面,引起了强烈的社会反响。

在焦裕禄精神中小学德育教育中心,"行走的音乐思政"实践团带来了精彩的演出,王乐瞳同学还现场给河南先锋朝阳学堂的学员们进行了一对一指导和演奏示范,讲解钢琴的发音原理和演奏方法。小学员们认真聆听,对音乐学习产生了强烈的兴趣。上音管弦系还与东坝头乡张庄村共建精神文明基地,并举行挂牌仪式。

案例 3：赴龙岩市开展音乐交流

2019 年，上音社会实践团来到闽西职业技术学院进行交流。上音师生一行 25 人参观了闽西职业技术学院校史馆，了解校史沿革、办学宗旨以及教学目标。随后，社会实践团的师生参加了"上音 & 闽西职业技术学院文化联谊座谈会"。双方就各自学校的学生工作、就业情况以及专业的开设与发展进行交流。在会议之前，上音团委书记马杰代表学校接受了对方院校赠予的《红旗不倒》纪录片光碟，上音时任组织部副部长孟莉代表上音为对方院校送去了上音纪念品。

上音社会实践团在闽西职业技术学院大匠堂音乐厅举行"青春心向党，建功新时代，走进闽西老区，追寻红色足迹，上音暑期社会实践主题音乐会"。本场音乐会主持人由上音音乐戏剧系许放星、音乐教育系艾克拜尔·艾尼外尔、民乐系朱睿以及龙岩电视台主持人担任。作品涵盖江南丝竹、阿卡贝拉、钢琴四手联弹、音乐剧舞蹈等多种艺术表现形式。音乐会在《我和我的祖国》的歌声中圆满结束，现场掌声雷动，反响热烈。当晚，网易新闻媒体全程直播，达到了 14 万的点击率。上音同学用自己的形式展现风采，诠释对祖国的热爱，为交流之旅画上了圆满的句号。

案例 4：与三河村小学的"数字支教"项目

乡村教育是实现乡村振兴的基础性、先导性、内源性要素。在打赢脱贫攻坚战的同时，四川省凉山彝族自治州（简称凉山州）三河村小学已配备颇具现代化气息的教室、实验室、操场、食堂和多媒体设备。在乡村振兴的新征程上，用艺术启迪智慧、用文化开阔视野,是新时代艺术学子以艺铸魂的责任所在。

上音数字媒体艺术学院在 2023 年赴凉山州开展社会实践,在三河村小学探索"互联网＋"支教服务,即以互联网为支撑,充分发挥多媒体艺术设计的专业所长,将音乐与美术相结合,融入"数字支教"中,突破传统支教的局限性,注重体验感、科技感、交互感。

实践团队以多元化课堂展示形式,把握教育数字化转型机遇,建立远程教育平台,为三河村小学的学生提供一整套生动而有趣的"定制化"体验课程,激活艺术创造力,发展创意实践素养。课程主要包括以下三类。

第一,动画微课堂。以彝绣纹样为切入点,制作微动画,让静态的彝绣动起来。支教教师以科普为主导,对每一个图像进行解说教学,将彝族元素贯穿于课堂之中。

第二,趣味体验课。提取彝族特有乐器的音色等音乐元素,借以多媒体的交互形式,让孩子们能够身临其境地感受每件乐器的音色、音高、样式,跨时空地体验不同的乐器。这种交互形式增强了学生的互动性与主动性,打破了传统教学多媒体单向传播的特点,融学于趣。

第三,歌曲赏析课。聚焦彝族歌曲的故事内容与精神内涵,帮助彝族孩子更好地从当代视角理解少数民族独有的艺术魅力和文化价值。在赏析课中,通过设计音乐律动、开展游戏教学等方式,支教教师为学生做歌唱示范、律动演示,帮助孩子们更好地掌握歌曲的风格、节奏、音调等;同时,化教于心,让学生了解歌曲背后的故事和理念,帮助其认识彝族音乐的文化及其价值。

动画微课堂	趣味体验课	歌曲赏析课
以"动画微课堂"为主题，让静态的文化元素动起来	提取彝族特有乐器音色等音乐元素	聚焦彝族歌曲的故事内容与精神内涵

"数字支教"课堂

上音数字媒体艺术学院积极与凉山州文化广播电视和旅游局、教育局协商并建立合作意向，未来将与三河村小学密切联动，通过远程教学的方式定期投入艺术类课程，让学生快乐学习、开阔视野，"绘"制幸福童年、"乐"享幸福教育。以这一实践为主体的项目"数字音画展示课堂赋能乡村美育文化振兴"入选上音优秀学生"音才助飞"计划，展现上音学子为凉山州文化教育振兴贡献艺术力量。

"数字支教"

第五节 原创音乐作品

新时代的音乐人要用心用情创造更多具有历史高度和时代温度的文艺作品来传承红色文化，赓续红色基因。面对世界百年未有之大变局，音乐人需要以贴合时代的红色主题音乐来鼓舞民众斗志、振奋民族精神，同时带给人美的感染力。上音"行走的音乐思政"聚焦新时代新征程的伟大实践，以回顾红色经典作品、原创红色主题作品、重访红色圣地巡演、邀请全国红色精品力作来沪展演等形式,用多样化的艺术语言歌颂党的光辉历程和伟大成就,为人民呈现主题鲜明的高质量演出。

一、音乐作品创作

习近平总书记在中国文学艺术界联合会第十一次全国代表大会、中国作家协会等十次全国代表大会上的讲话中指出:"广大文艺工作者要紧跟时代步伐,从时代的脉搏中感悟艺术的脉动,把艺术创造向着亿万人民的伟大奋斗敞开,向着丰富多彩的社会生活敞开,从时代之变、中国之进、人民之呼中提炼主题、萃取题材,展现中华历史之美、山河之美、文化之美,抒写中国人民奋斗之志、创造之力、发展之果,全方位全景式展现新时代的精神气象。"新时代以来,上音积极鼓励支持学生围绕新时代伟大成就开展艺术创作,在思政理论课程的实践作业中引导学生充分挖掘中华优秀传统文化、革命文化、社会主义先进文化中的创作灵感,"扎根人民、扎根生活"开展音乐创作,歌颂新时代,为奋进新征程、创造新辉煌凝聚起强大的精神动力。

1. 原创音乐作品《沿着您的足迹》

浦江潮涌,东方风来。党的十八大以来,习近平总书记先后多次到上海考察,为上海改革发展把舵领航。百舸争流,奋楫者先。上海牢记习近平总书记嘱托,敢闯敢试,先行先试,持续发挥"排头兵"的带动作用。

有感于此,上音声乐歌剧系 2020 级学生李嘉乐、邱家伟创作了歌曲作品《沿着您的足迹》。歌词 A 段写道:"海纳百川,追求卓越,这是上海的精神,也是中国的精神。开明睿智,大气谦和,是我们前进的方向。"在歌词 B 段中,李嘉乐、邱家伟表达了中华儿女的伟大梦想——实现中华民族伟大复兴。在曲目风格上，创作者将作品定位为一首美通作品。在编曲上，创作者在开头和第一段结束时加入了用小号演奏的国歌开头"do mi sol sol la sol"的旋律，奠定了这首歌的红色主旋律基调。整部作品还加入了中国的民族乐器比如锣和鼓，并用钢琴和弦乐来铺垫，意在突出主旋律和歌词。

2. 原创音乐作品《追梦百年》

《追梦百年》是为迎接和庆祝建党一百周年、由上音作曲系2020级本科生王亦璇完成的原创音乐作品。作品结合歌词的情节与意境，以音乐来叙事：前奏以朦胧、低沉的音响逐渐兴起，表现建党初期风雨兼程、风云变幻的历程；第一部分承接前奏意境，以线条化和声和多变的织体刻画了共产党人饱含血泪沧桑，但脚步依旧坚定的形象；经过激情澎湃的间奏后，乐曲进入第二部分，音乐开始热血涌动，展现了复兴途中飞越沟壑、奋进不息、激情燃烧似火的决心；第三部分带有进行曲风格，音乐变得愈加豪迈雄壮，仿佛世界在召唤，梦想在飞扬，描绘了战鼓催征、号角吹响、中国奏出复兴交响的美好景象。

全曲主体的三个部分，在连续三度的上行中完成调性转换（F—A—C），一浪高过一浪，富有动力和冲击感，寓意在共产党的领导下，中国发生了翻天覆地的变化，亿万人民书写了党和国家发展的壮丽史诗，中国迈入新时代的辉煌篇章。

3. 原创音乐作品《八连颂》

2023年是"南京路上好八连"命名60周年。为进一步颂扬部队官兵一代代传承"好八连"精神、为人民服务几十年的高尚情怀，上音作曲系2020级本科生陈亭羽结合习近平主席给上海武警官兵回信的内容,创作了一首原创歌曲《八连颂》,弘扬新时代正能量,向最可爱的人致敬,用歌声的力量唱响新时代上海主旋律。

该作品在音乐风格设计上以部队官兵"阳光＋激情＋正能量＋创造力"的形象作为定位参考,展现时代风貌。乐曲部分由四重奏——小提琴、小号、手风琴和打击乐演奏;声乐部分由男高音独唱加男中音伴唱构成。歌词选用了毛泽东于1963年8月1日建军节创作的一首杂言诗《八连颂》。该曲风格雄浑,气势磅礴,是一首洋溢着革命激情的颂歌。

4. 原创音乐作品《追燕子》

原创音乐作品《追燕子》由上音数字媒体艺术学院2020级本科生王浩然、于大有完成。作品通过弦乐四重奏的方式,运用主调化织体突出辽阔、宽广的旋律,描绘欣欣向荣的劳动景象,又通过灵动的韵律搭配旋律悠长的线条,来描述天真的孩子们追逐成群燕子的画面。

本曲在写作方式上区别于传统的弦乐四重奏,它富有生命力的显著特征在于象征孩童"灵巧欢快"的拨弦融合燕群"宽阔沉稳"的连奏,为听者带来特殊的律动感。民生在勤,勤则不匮。中华民族是勤于劳动、善于创造的民族。正是因为劳动创造,我们拥有了历史的辉煌;也正是因为劳动创造,我们拥有了今天的成就。

加快建设具有世界影响力的社会主义现代化国际大都市,这是习近平总书记对上海的明确定位。牢记习近平总书记的殷殷嘱托,弘扬伟大建党精神,以排头兵的姿态和先行者的担当,全力落实国家重大战略任务,扎实推动改革开放向纵深发展,不断开创人民城市建设新局面。那么为什么这座国际化的大都市——上海能有今天的成就呢？1969年初，不满16岁的习近平主动申请到陕北农村插队，来到延川县文安驿公社梁家河大队。在梁家河，他与劳动人民吃住在一起，真诚地和乡亲们打成一片，自觉地接受艰苦生活的磨炼，从一个"不谙世事的孩子"成长为"种地的好把式"。劳动最光荣，青春敢奋斗，这给了《追燕子》这部作品创作的灵感。歌曲中灵活多变的主题，也体现了劳动人民打坝、修渠、种树、打糍粑、磨豆花等劳动创造的活动。习近平青年时期的基层经历和劳动经验，让他深知劳动是锤炼作风、联系群众的重要法宝，这种心怀人民、敢于奋斗的精神，也是上海成为绿色、智慧、人文的国际一流的城市必不可少的原因。

5. 原创音乐作品《筑梦新兰考》

2018年上音暑期采风实践团队赴兰考县调研学习。此行实践团队对于演出曲目做了大量细致的准备，演出曲目不仅包括《华盛顿邮报》《匈牙利舞曲》等传统的管弦乐曲目，还有由音乐工程系的同学们专门改编的《编花篮》《走进新时代》和《春天的故事》等耳熟能详的歌曲。同学们通过改编民歌等方式将高雅音乐通俗化，贴近当地人民的生活和审美，得到当地人民的喜爱。音乐工程系的赵雨恬同学在参观学习过程中，深深地被焦裕禄精神与新时代劳模精神所打动，有感而发，连夜创作了歌曲《筑梦新兰考》，以音乐学院学生的独特方式向焦裕禄精神致敬，用文艺作品弘扬时代精神。

二、影音画交互式文创项目

2022年4月25日，习近平总书记到中国人民大学考察调研时,勉励广大青年用脚步丈量祖国大地,用眼睛发现中国精神,用耳朵倾听人民呼声,用内心感应时代脉搏,把对祖国血浓于水、与人民同呼吸共命运的情感贯穿学业全过程、融汇在事业追求中。习近平总书记的重要讲话为新时代大学生上好社会实践"必修课"提供了根本遵循,同时也强调了探索建立社会实践的长效机制的重要意义。

上音数字媒体艺术学院在 2023 年赴凉山州开展的专业采风与主题实践中,通过整合在实践过程中采集的影音画多样文化素材,结合文化振兴赋能乡村振兴的时代要求,开展了以凉山文化遗产活化传承为主题的"数字+实体"文创产品设计与专题展览。

文创产品是指依靠创意人的智慧、技能和天赋,利用现代科技手段对文化、文物资源进行创造与提升,并通过知识产权的开发和运用而产出的高附加值产品。实践团队成员以"数字+实体"的文创设计理念,将创意与彝族文化有机结合,努力实现科技创新和传统文化的有效衔接,推进少数民族文化的创新发展和传承。

数字化赋能文化发展,用科技唤醒传统,让传统文化得到创造性转化、创新性发展。在数字文创理念下,彝族文化被赋予了新的生命,并与当代艺术相结合。这一数字文创项目旨在通过传统文化资源数字化、非物质文化遗产数字化,通过提炼彝族相关的纹样等图形语言,创造出具有彝族特色的衍生创作,涉及以互联网为平台的数字文创产品、数字艺术展览的策划与推广及其他形式的文化创意开发和运营等。

实体文创不仅具有收藏价值,还兼具美学价值和实用价值,在传播和传承民族文化方面发挥着重要作用。设计者们通过对彝族的刺绣、漆器、服饰、乐器等物件中特色元素的提炼，并以现代审美理念为基础对其进行创新和转化，实现彝族文化在实体文创产品中的创新与应用；通过将彝族元素融入设计，以增强实体产品的吸引力，推动文化 IP 衍生、文创产品研发设计与制作、文化科技的融合开发与应用、线下艺术展览的策划与组织等，以此来增加大众对彝族文化的了解和认知度，让彝族文化在现代社会得到更好的传承和发展。以下略举几例。

1. 承载民俗文化的音画交互装置（设计者：陈楠栖）

灵感来源：毕摩是彝族传统文化中的祭司，在彝族社会中具有重要的意义，并以其为核心构成了彝族博大精深的毕摩文化。毕摩音乐是凉山州美姑县的传统音乐，也是国家级非物质文化遗产之一。毕摩音乐是由毕摩在仪式场所传唱的本土音乐，起源于原始母系氏族时期，至隋唐时期达到高峰，具有鲜明的民族特色和地域特色，其内容涉及彝族的政治、法律、文学、艺术、哲学、历史、爱情婚姻、生产生活等，并通过说、唱的有机结合来叙述故事、塑造形象、抒发情感、反映生活、表达志向和愿望。毕摩绘画也是国家级非物质文化遗产之一，是由毕摩在纸张或兽皮、树皮、竹简、石头、木板等载体上绘制的图画，是一种绘画与文字相互配合的艺术体系，是彝族绘画艺术的"活化石"，具有鲜明的民族特色。

作品方案构思：通过当地采风，深入了解毕摩文化的音乐、绘画，考虑采用音画交互装置这一载体，展现传统民俗文化与现代表现形式的碰撞与交融。

装置形式：在空间中设置 LED 屏或投影。

设计内容：研究提取民族文化中具有对应意义的纹样（例如男女、天地、水火等），模仿当地壁画风格进行绘制，表现彝族文化孕育于民间传说，与氏族观念相互依存、和谐共生的观念。

音乐设计：背景音乐以鼓点铺底，营造毕摩念诵的神圣感。采样自然声效随画面变化，分左右声道出现。

2. 关于"花与孩子"的文创设计（设计者：陈楠栖）

灵感来源："西昌无处不见绿，城市无处不飞花。"市树、市花是城市形象的重要标志，也是现代城市的个性名片。蓝花楹为凉山州西昌市市树，清新雅致、秀美安静；三角梅为西昌市市花，鲜艳夺目、无比烂漫。妞妞合唱团成立于 2018 年底，由凉山州普格县大槽乡中心小学学生组成，由凉山州乡村音乐教师吉布小龙与学校音乐老师阿吾优发共同发起。成员是学校里的小女孩，因当地总是将未成年女孩称为"妞妞"，合唱团遂取名为妞妞合唱团。音乐就像是孩子们的翅膀，可以带着她们飞向更远的地方。妞妞合唱团天籁般的声音多次飞出大凉山，登上更广阔的舞台，感动了无数人。

作品方案构思：在文创设计中，选用蓝花楹和三角梅两种花色为主色，以妞妞合唱团的形象作为设计灵感。

文创形式：创作了 logo、吉祥物、纹样等多种形式，可以转印于明信片、帆布包等多种载体。

设计内容：将花与孩童两种治愈元素融入设计，给人鲜艳、活泼之感。尝试运用 AR 技术，通过二维码或图案识别技术，在其中增加科普、文化传播等内容，展现出数字文创的深层内涵。

音乐设计：在扫描识别中设计音效，并从彝族特色乐器的声效采样；在读者扫码后呈现乐器的相应讲解；吉祥物、纹样等不同形式的作品对应不同听感的音乐。

　　3. 彝族民间故事《兹莫扎领》动态绘本与多媒体舞台装置设计（设计者：陈一骁）

　　灵感来源与作品构思：暑期实践期间，设计者赴喜德县瓦尔学校的月琴班采风，采访搜集彝族祖辈传下来的民间故事，并与彝族非物质文化传承人交流了解彝族故事分类、彝族绘画风格、绘画元素等信息。彝族作为中国的少数民族之一，拥有悠久的历史与丰富的民间文化。火把节是彝族传统节日之一，其庆祝活动充满独特的文化内涵。本设计作品旨在通过视觉再创造与动态动画效果，结合彝族传统音乐，讲述彝族民间"月亮女儿"兹莫领扎的故事。本艺术项目将彝族民间故事"月亮女儿"里的场景进行视觉再创造，并制作动态动画效果。作品结合用户交互功能，分为绘本设计、多媒体舞台作品、数字影像绘本装置三个部分，将用户带入沉浸式的彝族文化体验中，增进用户对彝族传统文化的了解与尊重。

　　传说中，彝族姑娘兹莫领扎因为过人的才能被邀请到月宫，成为最幸福的"月亮女儿"。设计者将彝族传统毕摩绘画结合现代手绘插画及工笔画风格创作动画，融合大量彝族传统元素如彝绣纹样、彝族乐器、彝族传统服饰、银饰等，尝试采用手绘实体绘本的方式表现故事内容。

　　在多媒体舞台作品《兹莫领扎》中，舞台段落剧情的进展和多媒体视觉相匹配。作品采用民族风手绘的视觉风格叠加肌理质感，通过音画融合的方式传达这个古老而神秘的彝族传说。

　　数字影像绘本装置《兹莫领扎》利用实体投影技术，冲破平面限制，结合实体投影打造出身临其境的立体视觉空间。装置中的自循环音效与动态影像相结合,致力于营造出沉浸式的观赏体验。作品尝试创新的艺术表现手法,引导观众在视听中感受到彝族文化的深厚底蕴。

　　该系列作品运用多媒体艺术设计专业知识,将传统艺术与现代技术结合,运用多种视听语言,将文字、图像、音频和视频等元素融合在一起,呈现多层次艺术融合交互作品,为传统文化的传播提供新的途径,让更多人了解和欣赏彝族传统文化。

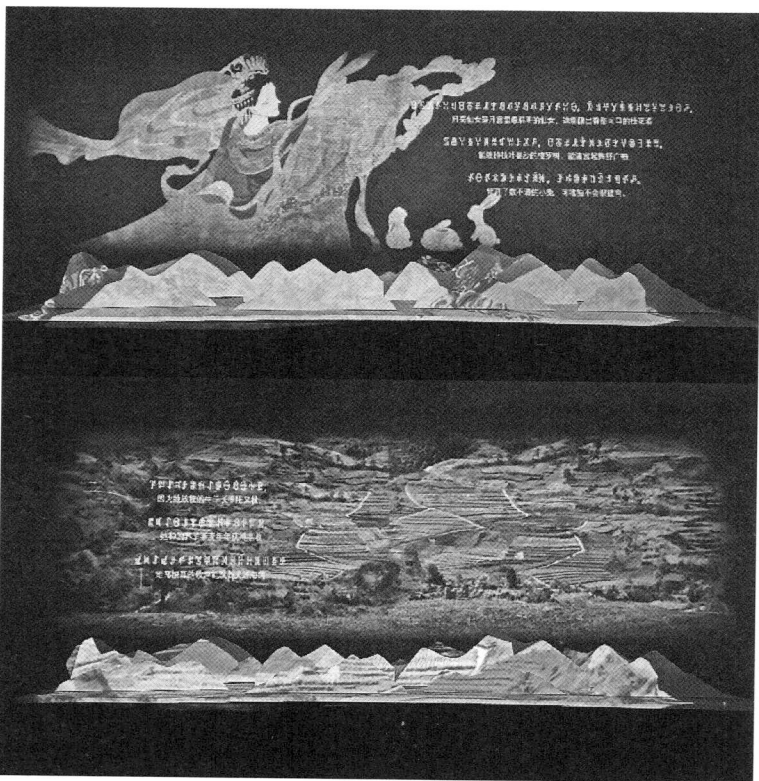

多媒体
舞台作品
《兹莫扎领》

《兹莫扎领》作品装置效果图

4. 以彝族文字为主题的互动影像装置《彝文传承》和动态海报（设计者：肖涵、黄昊）

灵感来源：在暑期社会实践中，设计者从机场到宾馆、从店面到广告牌对彝文有了初步观察。在奴隶社会博物馆的参观中，设计者对彝文与彝族的历史有了简单的认知，同时也萌生了想要深入了解其历史变化与特征的想法。彝文是一种起源久远、独具特性且发展完善的传统文字。流传和遗存在彝族地区的彝文文献载体形制主要有岩书、布书、皮书、纸书、竹简、骨刻、木刻、金石铭刻等，其中绝大部分为纸书。彝文产生于新石器时代到铁器时代之间，经历了文字发展的必经阶段。彝文典籍的内容涉及范围非常广泛：天文、地理、政治、经济、军事、医学、算术、地形、地貌、生物、农牧等无所不包，其中蕴含着大量的生产与生活的技能智慧，是彝族人民智慧的结晶。彝文在彝族乃至中国的传统文化中都具有重要的地位。然而，如今认识与了解彝文的人越来越少，传承与发扬彝文变得愈发重要。

作品方案构思：以彝文为主题，设计者构思了互动影像装置与字体动态海报。对于互动影像装置的设计将选取数段具有情感色彩的彝文，融入彝族的特色元素，例如彝族传统漆器的图案、彝族传统服饰的纹样等，并结合当代艺术审美为这些彝文制作影像。再以投影的形式将这些字错落有致地投射在展示空间中，并在展示空间中搭配采风的音乐，让观众通过影像与声音来感受并猜测这些文字的蕴意。对于字体动态海报的设计，通过了解彝族文字的发展演变历史，设计者总结其样式特点，将其融入汉字之中，进行字体的创新设计；或结合彝族红黑金的颜色搭配，民族纹样等特征，将其设计成动态海报。以上可以作为文创

《彝文传承》

的一部分,最终以明信片、纸扇、实体海报等形式呈现。

作品创作思路:彝文应属表音文字范畴,是以语音来表注的文字系统。因此在本作品中,无论是展示空间的布置上,抑或是装置本身,声音都是作品中不可或缺的一部分。

5. 月琴与彝绣相结合的声音装置(设计者:胡泽赟、肖涵)

灵感来源:通过实地的调研、走访、观察、积累,设计者发现彝族纹样具有很强的艺术感染力和视觉冲击力,在彝族传统文化中占有重要的位置。基于此,设计者构思了以月琴曲与彝绣纹样相结合的声音装置作品《拾彝》。

作品方案构思:在声音装置的形式中,月琴作为一种乐器与彝族纹样结合在一起,以现代的审美观念和视觉语言来体现声音装置的魅力。月琴是彝族地区传统的民族乐器,在彝族人民生活中具有不可替代的作用。本作品通过声音、画面等多种元素来体现月琴和彝绣的艺术魅力,也通过多媒体技术展示传统彝族文化特色,以增强大众对彝族文化的了解和认知。彝绣纹样的构成元素主要有几何纹、动植物纹和人物纹。几何纹是彝绣纹样中最常见的纹样,表现为点、线、面的有机组合,具有明确的造型元素和稳定的构图规律。通过对彝绣传统纹样进行归纳总结,从彝族传统服饰文化中进行元素提炼,使其更具时代气息,同时又能满足大众审美需求。月琴所演奏出的旋律与彝绣纹样相融合,形成了一种民族音乐与视觉审美融合的效果。

6. 摄影作品与声音景观艺术的融合(设计者:肖涵)

灵感来源:凉山州昭觉县谷克德平均海拔 3 200 米,由若干高山、亚高山湖泊、草甸、沼泽湿地群和附属河溪湿地系统等构成,景色如童话场景般美丽。游客站在高山草甸上,瞭望远方,

《拾彝》

既满足了踏足山巅的野心，也产生了苍茫怆然的敬畏之心。在谷克德采风时，设计者通过摄影、录音采样将谷克德的人文、生态风光记录下来，展现大自然最纯粹的一面，在遵循自然性、真实性的基础上运用艺术的手法展现生态美的无限魅力。声音素材包括牛、羊的叫声以及鸟叫虫鸣声等自然声音。

作品方案构思：从视觉与听觉两个方面还原谷克德的大自然之美，让观众感受身处谷克德高山草甸的感觉。视觉部分设

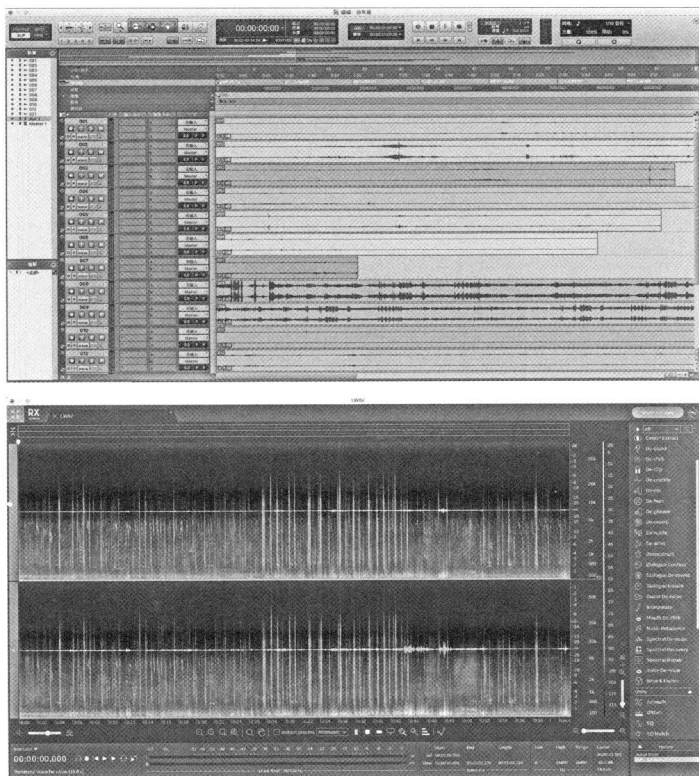

摄影作品与声音景观艺术的融合示意图

计：① 将生态风光类摄影作品在空间中错落悬挂、摆放，放置音箱播放声音景观作品。② 将静物特写类摄影作品的形态绘制成电子图像，设置点击触摸屏后发出环境自然音。听觉部分设计：① 针对生态风光类摄影作品，将录制的大自然采样声音通过剪辑、拼贴、后期音色调制等处理过程，还原谷克德高山草甸的声音景观；② 针对静物特写类摄影作品，设置通过点击电子屏幕发出独特的环境自然音效。

第四章

中国之声："行走的音乐思政"与文化自信自强

2024年5月，习近平总书记对学校思政课建设作出重要指示，强调要始终坚持马克思主义指导地位，以中国特色社会主义取得的举世瞩目成就为内容支撑，以中华优秀传统文化、革命文化和社会主义先进文化为力量根基，把道理讲深讲透讲活，守正创新推动思政课建设内涵式发展，不断提高思政课的针对性和吸引力。在推动艺术院校思想政治教育内涵建设与实践的进程中，要坚持以思政教育为主线，以学生综合素养培育为核心，通过深度挖掘文化素材，坚持以人民为中心的创作导向，培养德艺双馨、红专兼备、国际视野、全面发展的艺术人才。

第一节　推动中华优秀传统文化创新性转化

上音植根中华优秀传统文化，以源源不断的文化生产力来推动学科建设和人才培养水平，以贺绿汀中国音乐高等研究院为载体，以中国音乐研究为核心，以中华优秀传统文化为根脉，以古谱研究、古乐表演、古韵传承为抓手，立足当代语境，整合学科资源，强化交叉融合与协同创新，持续构建走向世界的高水平中国音乐学科体系。

上音研究团队致力于探索中国审美精神与音乐非遗活态传承，探索东方乐器科学化的可能性，传承音乐非物质文化遗产。通过中国传统器乐演奏艺术传习、传统器乐文化与乐器知识教育普及等方式，研究者将高水平科创成果融入非遗传承与传播。上音持续打造"音乐文化传习所"和"中国音乐文化非遗日"等学术活动品牌，传播上音引领的广陵派古琴、江南丝竹、浙派古筝等乐器文化，培养留学生三千余人，帮助其深入了解中国传统文化。同时，交响曲《良渚》等上音原创的高水平作品面向世界展演，助力中国非遗文化走向世界取得申遗成功。本节简要介绍其中两个代表性项目。

一、"丝路之乐·唐韵回响"实验音乐会

2022年，由上音主办的"丝路之乐·唐韵回响"实验音乐会在上音歌剧院上演，复原1 200多年前的盛唐乐舞，展现盛唐气韵。从小乐队合奏《急胡相问》《水鼓子》、大乐队合奏《龟兹乐》，到乐舞《胡腾舞》《胡旋舞》……一支曲、一段段舞，仿佛一幅幅活态的古代工笔画，让盛唐乐舞"活"了过来。

音乐会策划人、音乐总监赵维平说："中国古代音乐史是一部'无声史'，从通史到教科书都是以理论的方式呈现，至今人们不知道中国古代音乐究竟是什么声响。那么，中国古代没有音

乐、舞蹈吗？当然不是。"他希望通过这台"教科书式"的音乐会，竭力接近唐代乐舞的真相。

唐朝是中国古代音乐发展的鼎盛时期，无论是敦煌壁画还是其他佛教洞窟都留存着唐代丰富多姿的音乐舞蹈画。然而，经历上千年的流变，这些古代乐器的形态发生改变，古代乐谱几近消失，在音响表现上断层。

20世纪初，有人在敦煌藏经洞发现了一份古代琵琶谱。这本采用古代记谱法的琵琶"天书"，揭开了唐代音乐的神秘面纱。此外，日本奈良正仓院所藏18种75件完整的唐代乐器也让音乐考古学专家看到了恢复唐代音乐的希望。

20世纪80年代以来，叶栋、陈应时、何昌林、赵晓生、应有勤和赵维平等学者为唐代音乐研究付出了巨大的努力。上音是敦煌古谱、中国与东亚古谱解译在全国乃至全球的重镇，叶栋教授开基创业、陈应时教授继往开来，牢固树立国内独一无二的学术地位。学校深度开展民族管弦乐创作、表演与理论研究的系统性学理性研究，包括中国古谱解译、现代复原与保护传承、中国古代音乐文化教育普及等。上音中国与东亚古谱研究中心将流失于海外的上百种原始乐谱进行收集、整理，积累了近两万页古乐谱的高清电子文献，并对每份古谱作出了详细的拍摄、转译和题解，取得了突破性的研究进展。此外，赵维平等学者还参考大量古代文献，找到工厂先后复原了四弦曲项琵琶、五弦直项琵琶、箜篌、横笛和羯鼓等30余件乐器。赵维平举例，光是复原琴弦就非常复杂；现代乐器多用钢丝绳，发出的声音也是现代的，而中国古乐器会用到丝弦；他专门前往京都制造丝弦的工厂买了一批回来，用于古琴和琵琶的制作。学者们多年的研究和努力为这台唐代音乐会打下了基础，使盛唐气韵得到了集中呈现。

为了让观众全方位、沉浸式感受盛唐的乐舞之美，在本场音乐会制作人兼视觉总监、上音数字媒体艺术学院教授代晓蓉的带领下，现场的舞台设计充分参考了古代壁画等资料。舞台设计以莫高窟第 220 窟的乐舞图等壁画为主要参照，还原了画中的地毯与其他陈设，将伴奏乐队与舞者进行划区；服装以唐代鎏金铜胡腾舞俑等文物为参考，还原其胡衫、长带的设计，并加以艺术性加工。舞台呈现仿佛一幅古代画轴，以宣纸铺底，朱砂红钩边，画上唐妆、穿上唐服的乐手们就在这幅写意的画卷上演出；在传统"硬景"的基础上，现场还用到了数字影像来辅助呈现。

为了让观众更深入地了解唐乐、感受唐韵，《敦煌琵琶谱》《天平琵琶谱》等珍贵文献通过多媒体呈现。配合赵维平的讲解，音乐会变成了一堂大师课："一千年前的琵琶为什么是横着弹的？""现在的排箫以前叫箫，在明朝时期独立一根的箫出现后，它才改叫排箫。""竽篥在汉朝就有，到了唐朝开始逐渐离开中国的舞台，现在日本还有竽篥，我们听听这件乐器的声音……"

二、浙江省丽水市松阳县非物质文化遗产主题调研

2019 年 7 月，上音师生在暑期社会实践中探访了浙江省丽水市松阳县，对松阳高腔、古乐《月宫调》、畲族叙事歌以及竹溪锣鼓四项非物质文化遗产进行了深入调研，深度学习了解并弘扬长三角非遗文化。

　　此行中,上音师生分别与各非遗传承人交流互动。当地传承人热情地向师生们讲述非遗传承的历史文化与发展脉络。师生们在了解非遗文化的同时收获了许多田野采风的文化素材,对日后的专业学习助益良多,也理解了艺术来源于生活、来源于群众,从群众中来,到群众中去。

　　1. 松阳高腔

　　松阳高腔被戏曲界誉为"戏曲活化石",是丽水地区唯一的地方剧种,也是浙江省目前唯一尚能演出的本土剧种。松阳高腔起源于道教音乐,原有 36 个正本戏,70 多个折子戏,目前留存的仅有 20 多个正本戏。松阳高腔没有曲谱,唱段的传承几乎均为口传心授,现存的少量剧本均为手抄本。近年来,当地省、市、县各级政府和有关文化部门十分重视松阳高腔的保护与传承。2006 年,松阳高腔被列入第一批国家级非物质文化遗产名录。

　　上音师生团队主要走访的是松阳三大高腔之一的周安高腔。周安高腔剧团的团长热情接待,并向大家介绍了自己及其他主要团员的从艺经历,他认为周安高腔之所以能够保存至今,是因为高腔剧团的演员们从小热爱戏曲、热爱高腔,在平时务农之余学唱高腔,同时也离不开整个剧团艺人的坚持。周安高腔包括花旦、小生、老生、小花脸等八个角色,对演员的动作、嗓音、唱腔以及念白都有严格的要求。团长还介绍说,每年周安高腔剧团会举行送戏下乡的演出活动,通常以 20 天左右为一个周期,受到乡亲们的热烈欢迎。

　　但如今周安高腔的发展情况并不乐观。团长呼吁能够有更多年轻的戏曲爱好者加入高腔戏曲的学习与传播之中。现在喜爱周安高腔的年轻人也不在少数,只是人员难以固定。目前在松阳县办有高腔兴趣班,招收下一代演员,但仍缺少一支专业的演出队伍让周安高腔得以更好地传承。

2. 古乐"月宫调"

《月宫调》属于丝竹锣鼓乐,是一支流传千百年的古乐曲,同样与道教音乐有着密切的关联,2009 年被列入浙江省第三批非物质文化遗产名录。相传唐朝宫人叶法善将唐朝宫廷音乐《霓裳羽衣曲》改编成为"月宫调",从而在民间流传,而且"月宫调"的曲谱在当时仅传叶姓子孙。《霓裳羽衣曲》讲述的是通过法术将皇帝带上月宫的故事,因此称为"月宫调";另一种说法称丽水当地方言中"月亮"即为"月宫",所以称为"月宫调"。

2007 年松阳县月宫神韵古乐团成立。本次上音师生团队走访了月宫神韵古乐团。负责人介绍道,这是一支以表演"月宫调"为主的乐团,至今共有团员 40 余人,其中包括曾经的松阳县委宣传部副部长等老干部,年龄最大者已超过 70 岁。乐团向师生们演奏了《八仙》《香供养》等宫廷音乐、法事音乐、道场音乐。"月宫调"省级传承人周文郁、市级传承人叶万芳表示,目前"月宫调"所用乐谱《月宫神韵》是从民间挖掘、收集曲调后,根据录音、录像及口述整理记谱而成的。

"月宫调"之所以能够得以传承,离不开十多年来老艺人们坚持不懈的传承。老艺人们不断对月宫调进行挖掘与抢救,所传递的精神对上音师生起到了激励作用。

3. 畲族叙事歌

畲族是我国的少数民族之一,有着自己独特的民族文化,且能歌善舞。畲族山歌的叙事性较强,常以歌代话、以歌抒情,在畲族人劳动生活以及休闲娱乐之时演唱。现在畲族叙事歌已被列入国家级非物质文化遗产名录,是畲族人民宝贵的精神文化财富。

上音师生走访了松阳县石牌门村,采访了畲族叙事歌省级传承人兰秀莲、市级传承人兰炳花。两位传承人介绍,石牌门村是一个畲族文化的重要传承基地,此村村民53%为畲族人,以兰姓居多;同时,石牌门村对于文化的传承与发展非常重视,村里大部分年轻人选择留在家乡创业,为畲族文化的传承奠定了良好的基础。采访中,两位传承人为大家现场展示了一边编织彩带一边演唱即兴的叙事歌,歌词大意为:你们从遥远的地方赶来,外面还下着雨,你们辛苦了。师生们被这质朴、纯正的畲族山歌所吸引,学习并记录了叙事歌中的特性曲调。

4. 竹溪锣鼓

竹溪锣鼓于2007年2月被列入浙江省第二批非物质文化遗产名录。上音师生走访了竹溪村,聆听了当地市级传承人蓝根土及其团队为大家带来的鼓经。鼓经变化多样、节奏稳健,在演员们默契配合中呈现浓郁的乡土韵味。竹溪锣鼓常在节日庆典、婚丧喜庆等场合演奏,分为固定坐式演奏和行走演奏两种,均为五人演奏。蓝根土表示,目前除了老一辈的传承人,当地已经组成了5个锣鼓队,他们每天晚上都保证2—3小时的学习时间,希望有更多的年轻人可以加入进来。

第二节　赓续与弘扬红色文化

　　音乐艺术院校应以培养技能为实践核心，以立德树人为根本任务。"从舞台实践中来，到舞台实践中去"，应是音乐艺术院校从事教育及研究工作的共识。为此，相关教育实践应在创作与表演的各环节寻觅育人的闪光点，将立足于当下实践的艺术教育与思政教育有机结合，推动中国音乐艺术教育的自信塑造与话语体系建设。上音紧密围绕学院艺术实践开展思政教育工作，就是"一路走、一路学、一路唱"，以艺术思政赓续红色文化，活化、深化党史学习教育。

一、上音版《长征组歌》

　　2021 年是中国共产党成立 100 周年，也是中国工农红军长征胜利 85 周年。延安见证了红军二万五千里长征的最终会师与胜利，还见证了四万多名来自全国各地的爱国青年在这片热土上追求真理、学习新知；在这里，诞生了《黄河大合唱》《流亡三部曲》《白毛女》等时代强音。而诞生于 1965 年的《长征组歌》是中国音乐史上的红色经典，也是一部真正的"革命音乐史诗、民间音乐画卷"。《长征组歌》是萧华上将作词、北京军区战友文工团组织晨耕、生茂、唐诃、遇秋四位著名作曲家合作谱曲的大型声乐套曲。该作品于 1964 年开始创作，1965 年正式公演，引发轰动，并成为一个时代的经典。作品以大合唱的形式描摹红军从江西到陕北的长征路，是一部采集不同地域民族音乐曲调的集大成的红色经典。

为庆祝中国共产党成立 100 周年,贯彻落实习近平总书记"走好新时代的长征路"重要指示精神,上音复排这部经典,打造新时代版《长征组歌》,推动这台演出走进长三角、重走长征路,为党史学习教育提供鲜活生动的实践案例。这部剧目的创演研也是"上音献礼建党百年系列重大活动"之一。在上音院长廖昌永的率领下,上音《长征组歌》剧组于 2021 年 5 月正式启动全国巡演,师生同台传承红色经典,发扬时代风貌,为全国观众献上了一台大型音乐党史课。

2021 年 7 月 17 日,由上音时任党委书记徐旭带队,师生一行一百余人乘坐飞机,前往延安进行新时代版《长征组歌》全国巡演。在征得机组同意后,上音师生在万米高空上唱响了《长征组歌》中的经典曲目选段《遵义会议放光辉》《四渡赤水出奇兵》《报喜》。7 月 19 日,由共青团中央宣传部、上音、延安大学主办,延安大学鲁迅艺术学院、陕西旅游集团延安文化旅游产业投资有限公司承办的新时代版《长征组歌》全国巡演·延安站在延安保育院剧场上演。

上音《长征组歌》剧组此番赴延安展演也是一次学习、重温红色历史的文化之旅。上音党委与延安大学党委中心组联组学习习近平总书记"七一"重要讲话精神。上音师生在红色革命圣地进行党史学习教育、开展主题党日活动、进行"音乐快闪",还在延安大学举办"中国红色音乐文化传播研究"红色音乐文化论坛暨音乐党课。

在延安的"闪闪红星"广场上,上音《长征组歌》剧组临时党支部举行了一场主题党日活动。党员师生们重温入党誓词,坚定理想信念,全员一起唱起《没有共产党就没有新中国》。随后师生一行前往宝塔山与鲁迅艺术学院旧址进行参观学习。宝塔山是历史名城延安的标志,也是革命圣地的象征。塔旁有一口明代铸造的铁钟,中共中央在延安时曾用它来报时和报警。在此处,上音师生们唱响了《延安颂》,精彩的表演吸引了前来此处参观学习的游客。

鲁迅艺术学院旧址也是中共六届六中全会旧址。1938 年 4 月 10 日在延安成立的鲁迅艺术学院是中国共产党创办的一所综合性的高等艺术学院,也是中共历史上创办的第一所培养马列主义艺术干部的学校。上音与鲁迅艺术学院有着悠久的历史渊源。曾任鲁迅艺术学院音乐系系主任的吕骥、冼星海、向隅以及曾在音乐系(包括鲁迅艺术学院华中分院)任教的大部分骨干教师如唐荣枚、杜矢甲、李焕之、贺绿汀等均为拥有革命斗争精神和家国情怀的上音人。他们在抗日战争和解放战争时期培养出大批文艺骨干,为党的文艺工作和文化事业作出了突出贡献。

在党的文艺战线上,一大批上音人奔赴革命根据地,配合革命斗争,创作了大量抗日、爱国和革命的音乐作品,如吕骥《中华民族不会亡》、贺绿汀《游击队歌》、张曙《日落西山》、冼星海《黄河大合唱》、向隅《红缨枪》、何士德《新四军军歌》等,都表达了人民群众追求国家独立、民族解放、人民幸福生活的爱国情感,激励了人民群众的革命斗志。

鲁迅艺术学院成立之初没有教学场所,老师带着学生从山头走到田间,走到哪儿,哪儿就是课堂。在这里,人民音乐家冼星海开荒种田、教书授课,写下了气势雄浑的《黄河大合唱》:"风在吼，马在叫，黄河在咆哮，黄河在咆哮！"歌词朗朗上口，满怀着中国人民抗日救亡的渴望，也让这首曲目成为人民大众心中不朽的红色经典、代代传唱。听到革命前辈的故事后，上音师生们深情齐唱起《黄河大合唱》。

上音通过特色的艺术思政，打造"音乐党课""音乐快闪"等各类形式新颖的品牌项目，让师生在具有深厚历史的红色圣地唱起经典红色歌曲，在现场学习历史，将党史学习教育素材送到祖国各地。

二、原创音乐剧《忠诚》展演

原创音乐剧《忠诚》是国内首部以音乐剧形式展现中国共产党隐蔽战线斗争这一红色题材的舞台作品。在戏剧情节上，该剧以三代共产党人接续保护"中央文库"档案的历史为蓝本，以艰苦卓绝的隐蔽战线革命斗争为核心，通过塑造一系列生动鲜活的舞台形象，展现了一段鲜为人知的红色传奇，成功塑造了舍生忘死、接力守护中共"一号机密"档案的英雄人物群像，弘扬伟大建党精神。

2023 年 11 月，由国家文化和旅游部、福建省人民政府主办，厦门市人民政府、文化和旅游部艺术司、福建省文化和旅游厅、中国歌剧研究会承办，厦门市文化和旅游局、文化和旅游部艺术发展中心协办的第二届全国优秀音乐剧展演在厦门拉开帷幕。本次展演历经层层选拔，从上百部来自全国各地的参评剧目中评选出 15 部优秀音乐剧，集中向社会公众展示。原创音乐剧《忠诚》是上音 2021 年"庆祝建党百年重大创演项目"之一，也是第二届全国音乐剧展演唯一入选的院校作品和唯一入选的上海作品。

《忠诚》一剧从创作、排演、制作等方面,体现了上音跨学科、多专业领域协作工作模式:其中,上音院长廖昌永教授担任总策划;音乐戏剧系主任安栋教授担任作曲、音乐总监、制作人;教师工作部副部长陆驾云担任编剧;音乐戏剧系教师张轩豪担任导演;李奇副教授担任舞蹈总监;教师高扬担任声乐指导;教师马良、夏振凯,研究生方书剑、毛珏懿,毕业生胡超政、喻越越、丁汀、袁野等担任主演;音乐戏剧系在校生担任剧中其他角色、合唱和舞蹈的表演。此次演出的舞台多媒体制作团队由上音数字媒体艺术学院程瑜怀副院长领衔,音响团队由王南南老师领衔,多媒体制作、戏剧舞台音响设计等由相关专业研究生团队协作完成。

11月25日和26日,《忠诚》在厦门嘉庚剧院上演。全场座无虚席,文旅部司局级领导、上音时任副院长侯立玉、艺术处史明阳处长、文旅部项目评审专家组、多家兄弟院校领导及师生、普通民众两千余人在现场观看了演出。

演出中,紧凑的戏剧情节、扣人心弦的戏剧动作和冲突以及变幻多姿的舞台场景都吸引着观众沉浸其中。当演出最后谢幕曲音乐响起时,一幅幅"中央文库"档案守护者原型的黑白照片浮现在舞台正中央的屏幕上,震撼了在场所有人,激起了观众们对革命英雄的无限崇敬之情和追思。场内观众们热泪盈眶站立起身,以最热烈的掌声和喝彩声向舞台上的演员们致敬,向所有在隐蔽斗争战线上奉献自己青春和生命的英雄们致敬。

演出结束后,文化和旅游部组织召开了"一剧一评"专家研讨会。来自中国音乐剧研究会中国歌剧研究会、中国歌剧舞剧院、中央戏剧学院、中央歌剧院、中国音乐剧协会的多位专家出席会议。安栋教授代表剧组全体成员向与会专家介绍了原创音乐剧《忠诚》的创作和排演情况以及剧目特色。主创团队在基于历史事实的前提下,进行了戏剧情节上的整合、凝练和再加工。上海档案局和中央档案馆依据有关党史史实部分内容,针对戏剧情节安排进行了理论指导。在戏剧音乐方面,乐队采用了音乐剧较为典型的小型管弦乐队结合电声乐队的形式,音乐风格上融合了年轻人喜欢的摇滚、说唱、爵士等现代流行音乐形式。为体现上海的戏剧故事背景,音乐中充分融入江南音乐、上海沪剧小调等,部分台词使用了沪语,以体现江南文化和海派文化特色。同时,上音作为高等专业院校,承担着培养优秀音乐剧表演人才的重要使命,将该剧目排演与音乐戏剧系本科高年级的专业核心课"音乐剧剧目排演"相结合,以大四毕业班的毕业大戏为基础形成了系统性、体系化的教学内容,在此基础上科学合理地安排教学实施计划,以确保在完成教学目的的基础上将剧目以最优的艺术品质呈现于舞台。"音乐剧剧目排演"课程于2023年荣获"上海市首届课程思政教学设计展示活动人文艺术组特等奖",获批上海市一流本科课程。

与会专家一致给予《忠诚》展演高度赞扬,认为这是一部经过精心打磨后震撼人心的音乐剧,不仅是代表当前中国音乐剧创作和制作高水平的精品佳作,也是上音实施综合教育改革、教育创新的重大成果体现,真正做到了"三精"——思想精深、艺术精湛、制作精良。有专家以20个字概括对该剧的总体印象:题材可贵、主题突出、海派风貌、情感真挚、品质优秀。与此同时,专家们也期待《忠诚》一剧能在未来持续上演,持续打磨,成为具有深刻思想性和精湛艺术高度的中国原创音乐剧经典,并就戏剧结构布局、情节矛盾设置、音乐表现方式、戏剧人物形象、服装舞美设计等方面提出了进一步修改的意见和建议。

为了配合此次展演,上音音乐戏剧系师生受邀在厦门电视台、厦门理工学院举行了推广宣传活动,并开展"行走的思政"等主题党建活动。《忠诚》剧组利用排练演出的间隙,于11月24日上午开展主题党日活动,前往习近平总书记在厦门工作期间居住过的深田社区图强小区参观学习,了解深田独特的历史文化与发展变迁,深刻感受习近平总书记留下的温暖人心的"近邻"文化;同时也通过深田社区展示的"千百万"群众工作法,学习了近邻党建引领基层治理成果。

应厦门电视台邀请,主创团队来到"聆听两岸"节目,分享《忠诚》的创作构思、戏剧及音乐特色、排演中主创团队和演出师生的日常小故事,以及这部红色音乐剧在每一场演出传播的过程中所发挥的思想政治教育意义。

11月24日下午,《忠诚》剧组及上海市档案馆方华老师一行受邀参加在厦门理工学院举办的"《忠诚》主创见面会"。《忠诚》剧组讲述了该剧的艺术创作探索过程。剧组的几位主演分别通过各自演绎的人物形象讲述了他们从身份转变到思想转变,并通过戏剧所展现的二十多年的时间跨越以及舞台上的行动细节来展现历史的沧桑与厚重。方华老师为观众讲述了守护"中央文库"这段惊心动魄的历史,以三份珍贵档案串联起"中央文库"所历经的风雨变幻与"完档归党"的不朽传奇。主创见面会前,上音师生代表及主创团队还与厦门理工大学影视与传播学院主要领导举行了交流座谈会。双方探讨了未来在音乐剧领域的合作发展前景,将这次活动作为 2024 届毕业生就业访企拓岗举措之一,期待更多上音毕业的优秀学生能为厦门音乐剧的发展贡献力量。

历史川流不息,精神代代相传。正如《忠诚》谢幕曲中的合唱《守护》所唱到的:"一曲赞歌献给他们的忠诚/一捧鲜花荣耀他们的英魂/我们都是他们的传人/他们用那束光照亮我们。"

三、古田会议会址主题实践

1929 年 12 月 28—29 日,中国工农红军第四军第九次党的代表大会在福建省上杭县古田村召开,史称古田会议。这次会议把马克思列宁主义普遍真理与中国革命具体实践相结合,成为我们党和军队建设史上一次具有里程碑意义的重要会议。会议通过的《中国共产党红军第四军第九次代表大会决议案》,创造性地提出了思想建党、政治建军的原则,孕育形成了以从思想上建党、保持党的无产阶级先锋队性质和建设党对军队绝对领导的新型人民军队为核心内涵的古田会议精神。古田会议精神是伟大建党精神的具体体现,是中国共产党人精神谱系的重要组成部分,对新时代不断推进党的建设新的伟大工程、加强国防和军队建设具有重大指导意义。

上音于 2021 年赴古田会议会址开展"行走的音乐思政"主题实践,并与"毛泽东思想与中国特色社会主义思想概论"课程教学活动相结合,组织学生观看红色电影《古田会议》并撰写观影报告。通过整合思政理论教学引领、红色音乐唱演、红色遗址研学和主题影音观赏等形成综合学习实践，引导学生深刻领悟中国共产党人筚路蓝缕的奋斗历程，感悟伟大建党精神。

在实践活动现场，中央电视台新闻频道对上音时任党委书记徐旭进行了采访。徐旭表示，此次古田会议学习活动的主旨是"学史明理、学史增信、学史崇德、学史力行"，响应习近平总书记 2021 年 4 月 19 日在清华大学考察时的号召，培养更多"立大志、明大德、成大才、担大任"的社会主义建设者和接班人。

在古田会议会址前的广场上，上音现代器乐与打击乐系手风琴专业副教授张妍和声乐歌剧系学子王艳芳、刘辰旭、林潇、黎珂、陆舜、邓海鹏、宋秋歌、徐俊鹏一同带来《唱支山歌给党听》《永远跟党走》《游击队歌》，饱含深情的表演吸引了众多前来参观学习的游人。随后，上音师生一行来到毛主席纪念园内，向毛主席像敬献鲜花，举行瞻仰仪式，重温党的光辉历史和奋斗历程，深切缅怀老一辈革命家的丰功伟绩。接着，一行人参观古田会议纪念馆，并开展音乐党课学习。

上音贺绿汀中国音乐高等研究院高级研究员、中国红色音乐文化研究与发展中心主任李诗原讲授了一堂主题为"1929 年的红四军及古田会议——军事斗争中的革命歌谣及古田会议对发展革命歌曲的意义"的音乐党课，让上音师生进一步加深了对古田会议意义的理解。古田会议通过的决议强调了红四军的宣传工作，对全国红军各战斗序列及其根据地音乐的发展也产生了积极的影响对革命文艺的发展也具有十分重要的意义。

在实践活动现场，上音院领导为古田会议纪念馆赠送了上音制作的新时代版《长征组歌》电子纪念册，并带领《长征组歌》剧组成员一起唱响了《长征组歌》第六曲《过雪山草地》，引起现场群众的大合唱。

上音思政教师团队认为,有关古田会议的历史素材既可以与"毛泽东思想与中国特色社会主义理论体系概论"课程相关教学章节紧密结合,又可以与"全面加强党的建设"相关教学内容有机融合。除了课堂讲解之外,教师可以通过鼓励学生观看红色主题电影、阅读研究论文,进一步丰富学生对知识点的理解,增强党史学习教育的深度。上音学生不仅从感悟历史的角度形成自己的认识,更能从音乐的角度认识主旋律电影对自己的启迪与触动。以下节选两篇学生习作:

从《古田军号》看历史故事的艺术表达

姚添琦(音乐工程系音乐设计与制作专业 2020 级本科生)

2019 年是新中国成立 70 周年,也是古田会议召开 90 周年。在这两个实现中华民族伟大复兴的重要历史节点上,《古田军号》以一把军号,讲述一支人民军队历史关头的生死抉择,触摸一个政党的初心,将古田会议的历史故事呈现在观众面前。在选材所讲述的历史事件之外,电影的艺术化表达也成为电影的一大亮点。导演陈力将冲突转化为艺术亮点,将"军号"的隐喻手法发挥得淋漓尽致,塑造了一部诗性历史题材影片。结合自身观影感受与文献资料,我将从艺术表达方面展开论述。

《古田军号》从片名就引出了"军号"。片中"军号"作为贯穿元素,从小号手出场时被重拳打伤、学吹军号,到被夺走军号,直至最后整军失而复得,隐喻着治军思想等革命精神的"命运"。而朱德军长亲自示范教小号手吹冲锋号后,小号手不断学习,最后穿上新军装鼓足气力吹响冲锋号的画面,表现出划破长空的气势,代表着一代代革命事业领导人的奋斗与责任。

影片中展现的非物质文化遗产"凳子龙"代表着"人心齐成龙"的民间文化,也表达着人心与革命精神,更是一种精神符号:"凳子龙"中的板凳起初由影片中的毛泽东一人扛起,到最后为多人共坐一条,赋予了影片深刻的意象。

《古田军号》观影报告及部分电影配乐分析

叶子昂　数字媒体艺术学院音乐与传媒专业2020级本科生

本片中音乐部分主要以传统管弦乐队为基础,辅以钢琴、人声合唱等构成。其中较为紧张的片段使用了较多的打击乐合奏来凸显紧张的氛围。而影片核心的主题旋律则使用了带弱音器小号演奏,也点出了"军号"在本片中的象征意义。除了小号以外,配乐还使用了人声独唱与合唱将主题变奏,在各个不同的场景中出现,同时带有的感情也略有不同。这样柔情温暖的小号音色与激烈的军号音色相对比,让观众在潜移默化中记住核心主题和小号的意象。

小号谱例片段(叶子昂制)

四、井冈山红色音乐文化学习研讨

有关"红色音乐"的具体概念界定,目前学界有两种说法:一种是指在中国共产党领导下,以国内革命战争和民族解放战争为题材创作的、对革命起推动作用、为民众喜爱和传唱的音乐作品;另一种是指红色经典革命歌曲,为红军歌曲、抗日歌曲、解放歌曲、新中国成立以来和改革开放以后的各类健康和进步歌曲,还包括世界各国经典革命歌曲,其主体是中国共产党领导中国人民在多年的新民主主义革命和社会主义建设历程中沉淀而成的经典歌曲。后者相对更为全面和准确,能够基本概括红色音乐的历史全貌。

井冈山红色音乐是指我国在中国共产党领导下的井冈山斗争时期(1927年10月—1930年2月),在井冈山革命根据地范围内及以此为中心的泛井冈山区域内产生和传播的红色音乐作品,包括以此类音乐作品为原型创作的或者具备此类音乐风格特征的其他音乐作品,在表现形式上包括革命歌曲、民歌、戏曲、小剧等等。

2019年12月20—22日,由上音、井冈山大学共同主办的第二届中国红色音乐文化论坛暨第三届全国音乐学院思政课教学改革与协作论坛在井冈山大学召开。来自10余所院校的领导、专家和学者共60余人出席,共商思政课教学改革,共话红色音乐文化发展。与会专家学者观看了井冈山大学思政课教师李忠教授在中国教育电视台《师说——我和我的祖国》栏目主讲的思政公开课,并进行了热烈而深入的研讨交流。论坛举办期间,与会专家学者还观看了音乐舞蹈史诗《井冈山》第257场教学演出,并赴红色电影《闪闪的红星》拍摄地渼陂古村实地考察红色音乐文化资源开发与应用案例。

上音学生在思政理论教师、专业教师的综合指导下,奔赴"革命摇篮"井冈山,围绕井冈山的红色音乐文化开展再唱再演,围绕与井冈山地区高校的歌舞剧社与青年骨干的交流学习,让学生更熟悉井冈山及其红色文化。在红色精神与红色气质感召下,上音学生对井冈山红色音乐也留下了自己的所思所感。

井冈山红色音乐以口头创作、口头流传为主,因此井冈山红色音乐的资源或遗产主要是个人技艺和个别词谱,依赖于家族式的代代相传。在认识到井冈山红色音乐文化发展现状和面临挑战后,上音学生从多个方面对相关音乐资料和素材进行了学习与整理。

第三节　讲好中国故事,展示中国形象,传播中国声音

在文化传承发展座谈会上,习近平总书记指出中华文明具有突出的连续性、突出的创新性、突出的统一性、突出的包容性、突出的和平性。新时代的文艺实践必须以习近平文化思想为指引,加快构建中国话语和中国叙事体系,展现可信、可爱、可敬的中国形象,增强中华文明传播力影响力,为人类文明进步作出更大中国贡献。

一、以多元化艺术创作讲好中国故事

"行走的音乐思政"育人实践注重党的创新理论武装,关注多元化音乐人才成长,积极引导当代学子扎根人民、扎根生活、扎根中国大地开展音乐创作,通过"小作品"的创作实践,领悟人民文艺"大思想",在学思践悟行相统一中,深刻领悟习近平新时代中国特色社会主义思想的思想伟力,描绘新时代伟大成就,实现人民性、时代性、历史性、创新性、思想性与艺术性的高度统一。除了音乐作品,上音学子积极探索多种艺术表现形式,讲述时代故事。

案例 1:普法栏目剧创演

习近平法治思想从历史和现实相贯通、国际和国内相关联、理论和实际相结合上深刻回答了新时代为什么实行全面依法治国、怎样实行全面依法治国等一系列重大问题,构成了一个富有开创性、实践性、真理性、前瞻性的科学思想体系。在上海音乐学院高质量开好"习近平新时代中国特色社会主义思想概论"课暨第二届思政课教学比赛中,音乐戏剧系立足音乐剧专业教育,结合学生及校友亲身经历的被侵权及侵权案例,以知识产权法的发展和实践为主线,将歌曲《春天里》的著作权纠纷事件改编成三幕普法栏目短剧,由专业教师及学生自编自导自演,同时邀请上海市闵行区人民法院商事审判庭知识产权团队负责人施蕾法官走上讲台进行专业解读,让学生深刻感知"法就在身边"。

该剧改编自真实的维权故事。"农民工组合"旭日阳刚凭借翻唱一首《春天里》走红网络,后被词曲作者汪峰起诉侵犯著作权。短剧第一幕为"起点:翻唱的爆火",第二幕为"登场:与偶像同台",第三幕为"落幕:组合遭遇禁唱",结合纠纷的发生、发展不同阶段,展现著作权保护意识与音乐表演创作的紧密关系。

这场别开生面的知识产权公开课打破了"老师台上上课,学生台下听讲;老师发言提问,学生举手回答"的传统授课模式,通过以案释法、以剧演案的形式展开,形成法律与艺术的跨界合作,充分挖掘了学生的表演兴趣并充分发挥了学科的专业特点,实现了针对性教学和多样化普法。在课堂上,学生们踊跃提问,与施法官积极互动,收获了不少法律知识:

> 学生1:"法官,街头卖唱和网络直播卖唱需要获得授权吗?"
>
> 法官回应:"很多同学都认为卖唱阶段没有发生侵权行为。但依据我们国家的著作权法,对于已经发表的作品,如果在满足'表演者免酬''观众免票''非营利'的条件下,可以认定为'合理使用',这种情形方可被认定为不构成侵权。那我们一起来分析下,旭日阳刚的卖唱行为,无论是在路边卖唱还是直播卖唱,都有个'卖'字,这显然并不符合合理使用中的'表演者免酬'的要求。"
>
> 学生2:"法官,如果他一天卖唱的盈利非常微薄,甚至一场下来根本没人打赏,这在法律上有说法吗?"
>
> 法官回应:"这个问题法律还真考虑过。根据法律的规定,我们只要求表演者有营利目的即可,是否实际获利并不影响法律将该行为排除在合理使用范围之外。现实生活中,许多主播在线唱歌或者播放音乐吸引流量,还是很有可能引发侵权纠纷的。"

学生 3："法官，如果权利人没有明确表示反对他人表演自己的作品，就可以任意表演吗？"

法官回应："在实际生活中，有许多权利人为了让自己的作品能够获得更广泛的传播，会以口头或行为的方式默认许可他人对自己的作品进行表演，但这种许可对于表演者而言是不稳定的。严格来说，著作权的许可使用需要明确表示许可使用的时间、地理范围以及许可使用的方式。对于曾经的口头或者行为的默认，一旦权利人认为使用方式和范围超越了授权，双方就有可能发生争议。在这里，我也提醒各位从事音乐剧创作和表演的同学们，尽可能通过书面授权的方式保护自己的著作权，避免不必要的争议。"

学生 4："一开始明明默许了，后来翻唱的人红了，权利人就禁止表演，这样做公平吗？"

法官回应："著作权法的立法目的在于鼓励和保护创作，让更多的优秀作品问世，丰富人类的文化艺术生活。如果他人未经授权从表演作品中获利，损害了创作者应当享有的表演权和获酬权，久而久之，创作者没有获得合理的报酬，愿意创作作品的人就会越来越少，文化艺术会萎缩，这样的结果才是真正的不公平。将来大家都会从事音乐剧创作和表演工作，为了保护自己的著作权，同时繁荣文化艺术，需要同学们学法、懂法、用法，将法治的理念内化于心、付之于行，要从公平的角度考量著作权交易和许可。"

案例 2：原创主题海报

系列原创海报作品《经典复古》《红色印记》《新兴数字》由上

音数字媒体艺术学院 2020 级本科生胡泽赟、金典、李嘉璇共同完成。作品以"追寻习近平总书记的上海足迹"为创作灵感，通过艺术插画的方式表现上海的多元化人文景观，描绘了上海的复古风貌、红色文化以及当代数字潮流，以此宣传弘扬伟大建党精神、践行人民城市理念、深入贯彻新发展理念。

该系列海报的创作说明如下：

《经典复古》（创作者：李嘉璇）：作品以"城市是人民的城市，人民城市为人民"为主题，表达"城市建筑可阅读"的理念，采用复古紫调体现上海的浪漫情调。作品中主要建筑有上音汾阳路校区、武康大楼、上海汇丰银行以及沙逊大厦旧址，以海派建筑、衡复风貌为主，围绕城市定位、精神品格、历史文脉展现海派文化，突出上海综合性、国际化的特点。

《红色印记》（创作者：胡泽赟）：作品以"传承弘扬红色文化"为主题，采用红色作为作品主色调。红色文化始终流淌在上海这座城市的血脉之中，吸引青年学子通过实践追寻红色足迹，牢记初心使命。作品呈现了中共一大会址、淞沪抗战纪念馆、四行仓库、石库门以及上海市花——玉兰花等元素。创作者在重温红色记忆的同时，将所见、所思、所想凝于笔尖，以艺术形式传达红色文化与建党精神。

《新兴数字》（创作者：金典）：作品以"上海发展历程，聚焦数字化发展"为主题。数字中国建设是我国把握时代脉搏、引领未来发展的重大战略。作品绘制了张江科学城的"科学之门""上海光源"，浦东新区的"海鸥门"以及杨浦滨江人民城市建设规划展示馆等地标。作品整体采用蓝色调，展望上海数字经济未来之路与高水平改革开放的创新发展之路。

系列原创海报

二、以品牌艺术活动展示中国形象

为进一步推动中国音乐"走出去"，在世界舞台唱响中国声音，上音积极开展中国传统声乐艺术保护与传承、古诗词与传统声乐艺术结合、中国少数民族声乐艺术保护与传承、中国传统文化题材歌剧创演等，使中国声乐艺术走出国门，唱响世界。2018年由上音主办的"中国艺术歌曲国际声乐比赛"受到全球关注，至今已举办四届。2019年，"中国古典诗词与书画——廖昌永中国艺术歌曲独唱会"唱到了"音乐之都"维也纳和联合国总部。2021年，廖昌永主编的《玫瑰三愿：中国艺术歌曲16首》在世界最高水平音乐出版社之一——德国布莱特克普夫与黑特尔出版社出版。上音原创音乐剧《汤显祖》先后登上悉尼歌剧院和爱丁堡艺术节"聚焦中国"的舞台，通过世界顶级艺术殿堂传播中国传统文化之声。

在积极传播中国传统艺术文化的同时，上音发挥专业优势，对接国际平台，展现中国艺术人才培养成果。2023年12月

11—15 日,上音第六届国际大提琴艺术节、铜管艺术节相继举办。上音院长廖昌永,管弦系主任刘照陆,上音教授、大提琴演奏家王健与李继武出席了新闻发布会,介绍了艺术节的相关情况。

上音国际大提琴艺术节创办于 2013 年,目前已经成为中国大提琴领域的重要学术平台,充分展现了上音作为中国大提琴专业教学高地的地位。上音大提琴专业先后获得"国家级教学成果奖""国家级专业综合改革试点""上海市教学成果特等奖",创办了"大提琴学科新型教学团队""王健李继武大提琴工作室",在国内外享有盛誉,培养出一批高质量、高水平的大提琴演奏家和教学人才,走出了一大批活跃在国内外舞台的大提琴家。

上音铜管艺术节是管弦系为进一步落实"教创演研一体化"人才培养模式的重要举措,充分体现上音铜管专业特色,以培养优秀演奏人才为目标,不断推进人才分类培养。该艺术节旨在通过提供与世界顶级演奏家、指挥家的合作机会,打造国际化高水平的学术展现平台和管弦表演舞台,为帮助学生今后成为社会所需要的表演及演奏人才奠定良好基础。

艺术节期间,王健教授举行开幕大师课。预约前来的家长和琴童们早早等候在上音歌剧院门口,翘首期待这一堂难得的世界级大师课。第六届国际大提琴艺术节大师课线下共 6 场、线上 3 场,均以免费预约形式面向社会开放。此外举办音乐会 4 场,包括开幕音乐会、大提琴独奏与重奏音乐会、青年教师重奏音乐会、闭幕式音乐会;大提琴艺术表演与教学论坛 1 场,同时开设个别课、重奏与大提琴乐队排练等。

三、以文化艺术交流传播中国声音

上音始终牢记把握中华优秀文化的根与魂，辩证处理好创新与传承之间的关系，助力构建独特的中华文化海外传播话语体系，用全世界都能理解与欣赏的方式将中华传统文化的精髓润物无声地传播出去。

上音先后加入国际音乐理事会、国际传统音乐学会、欧洲音乐学院协会、国际计算机音乐学会、欧洲室内乐联盟学院、国际当代音乐协会和国际音乐图书馆、档案馆和文献中心协会7个知名国际组织，并担任执委、理事或重要成员。

上音还参与发起成立丝绸之路音乐院（校）长论坛、"上音·李斯特·肖邦"中欧三校联盟、中华国乐合作发展联盟、国际打击乐教育协会等国际学术组织，积极与国际顶尖音乐研究机构和组织开展学术交流与合作：先后与国际传统音乐学会联合主办多次专题研讨会；2017年承办第43届国际计算机音乐大会；2018年与美国茱莉亚学院联合举办"中国当代音乐中的理论与实践"学术研讨会；2018年承办国际博物馆协会乐器专业委员会年会；2019年与世界权威音乐人类学研究机构——印第安纳大学传统音乐档案馆合作开展"伯特霍尔德·劳弗档案"研究。此外，上音多位教师在世界著名音乐比赛中担任评委会主席与决赛评审，助推音乐文化交流，增强学术引领，构建国际性音乐学术话语体系。

上音参与创建"音乐与舞蹈学"国际同行评估指标体系，率先为全球音乐学科评估提供"中国方案"，联合美英等13个国家和地区的25所音乐院校共同发布该指标体系，签署"上海共识",将该评估体系与国际艺术家咨询会议机制内外并举,推动全球化复合型创新人才的培养和跨学科艺术的协同创新。

案例　上音研究生实践团赴甘肃开展实践活动

2019年,上音研究生实践团走进甘肃,组织开展系列主题活动。本次活动由上音与甘肃省民族音乐研究中心合作搭建平台,由上音研究生部教师带队,特邀德国汉堡音乐与戏剧学院教授陈晓勇、上音副教授苏潇随行担任专业指导,遴选上音以及旧金山音乐学院、英国皇家音乐学院、德国汉堡音乐与戏剧大学几所院校的优秀研究生组成团队,走进甘肃省兰州市、张掖市、武威市、敦煌市的多个县、镇、村,根植中国大地,实地感受中国传统音乐文化。其中,上音学生实践团队以音乐与舞蹈学、艺术学理论、戏剧与影视学三个一级学科下的多个专业方向的硕博研究生为主体。在该场社会实践活动结束后,上音团队围绕暑期社会实践采风内容进行相关创作,开展采风作品音乐会、编撰采风文集等活动,通过原创音乐作品创作将当地特有的音乐元素与文化传承带向他乡、传向世界,用音乐讲好中国故事。

该场社会实践活动主要分为两个阶段。第一阶段在7月上旬,主题为"陇中寻古音,国梦风齐行",这一阶段以社会调查、社会服务、采风创作为主要内容。第二阶段在11月,主题为"踏丝路寻古音,汇世界谱交响",这一阶段以室内乐和交响乐创作、校内汇报音乐会、实践总结汇报会、深圳交响乐团和贵州交响乐团作品演出为主要内容。

作为华夏文明发祥地之一的甘肃,地貌多样,民风质朴,其音乐融合了西北少数民族的特色,是民族音乐学研究的沃土。本次实践沿河西走廊探访当地独具特色的音乐文化,通过社会

调查、公益音乐会、理论宣讲、原创作品、理论调研和纪录片制作
等多种形式开展社会实践。

　来自旧金山音乐学院科技与应用作曲专业的教师陶林·丹
尼尔·巴雷拉(Taurin Daniel Barrera)参加了此次实践活动,并
撰文表达了他的感想:

沿着丝绸之路

　　我非常幸运能应上音的邀请参加 2019 年暑期实践。
我们这次考察的主要任务是实地采集原汁原味的民间音
乐。我们的实践路线以及沿途丰富多彩、有待体验的中国
文化知识,令人感到既兴奋又震撼,让我迫不及待地想要去
探索! 这次旅行持续了整整十天,其间我们乘坐大巴车四
处奔走,只要有机会就停下来听当地音乐家为我们现场演
奏的音乐。我们还参观了许多展示中国文化和历史的博物
馆,以及许多令我们惊叹不已的自然景观。对于我们这些
外国学生来说,暑期实践的主要目标是尽可能多地了解对
我们来说非常新奇的中国传统音乐。最后,我们被邀请利
用这次旅行中收集到的知识,根据在甘肃途中获得的灵感
创作一首音乐。可以肯定地说,让我最喜欢也给我留下最
深刻印象的是蒙古族歌曲! 但我不会首先讲述这趟旅行的
收获,而是从行程的一开始来展开介绍。

　　我们首先抵达上海,然后飞往甘肃省会兰州。历史上,
兰州是中国东西方的交通枢纽,因为它位于河西走廊的入
口处。它也位于古代丝绸之路上。在所有这些历史中,音
乐占有一席之地。我们参观了一个博物馆,在那里我们了

解了秦腔——一种古老的中国传统戏曲。传统上,秦腔中有固定的典型角色,例如生、旦、丑、净。每个角色都有自己独特的行为、歌唱风格和服装。我们了解到,艺术家们在其职业生涯中会根据每个演员的天赋专攻一个角色。要完全掌握所扮演角色的精髓之处,确实需要付出很多努力!

我们从兰州出发,途中在一座小村庄进行了一场简短的表演。现在我们切实走进了河西走廊,在武威停留期间,我们参观了另一家博物馆,在那里我们欣赏到了更多传统的中国音乐。晚上,我们逛了一下武威,参观了其巨大的南城门。晚上,南城门被灯光照亮,此情此景着实令人印象深刻。

下一站是张掖,我们在那里停留了几天,以便稍事休息,同时也探索一下该地区的自然风光和文化。张掖世界地质公园提供了令人惊叹的彩虹山(丹霞地貌),这是一处独特的景观。山上色彩斑斓的条纹和其令人难以置信的形状是该地区被誉为中国最美丽地区之一的原因。我们还去了一个文化中心,在那里我们聆听了不同的佛教唱诵和歌曲,所有这些都被记录下来以供将来参考。

我们的旅程继续向更高的山区进发,在那里我们体验了裕固族的文化遗产。我们观摩了优美的女生吟唱和有马头琴(也称为马首胡琴)伴奏的有力的呼麦。酒泉天气温暖宜人,与之前炎热的日子形成鲜明对比。其中最令人难忘的经历之一是一群女性音乐人的演奏和歌唱,她们用一个类似低音鼓的鼓进行伴奏——这原始简单,但非常动人。

在合奏之后,其中一位女性音乐人进行了独奏表演。她的声音是我们在整个旅行中听到的最美丽的声音之一!同样在阿克塞,我们有幸与当地的音乐家和舞者共进晚餐——他们在吃饭时为我们表演,之后我们同他们交流。我们还有机会和他们一起跳了一会儿舞!他们的表演似乎是现代爵士舞和传统哈萨克族舞蹈的融合——一种效果良好的混搭。

最后我们去了敦煌,一个丝绸之路上的交通枢纽。在那里,我们参观了敦煌博物馆,它向我们展示了这座城市有多古老,以及在几个世纪的朝代更迭中发生了多少事情。更重要的是,我们看到了黎明时分的戈壁沙漠和著名的莫高窟。即使在早上6点,沙漠也十分热闹,因为人们想要体验沙丘但又不想受到阳光的暴晒,好在沙漠足够大,能够承载许多人。关于千佛洞,我们看到的每一个洞窟都令人惊叹。有的洞窟流传千年而形态不变,颜色依然可以栩栩如生!当然,巨大的佛像也表明当时中国的文化十分繁荣兴盛。

总之,我仍在努力理解待在中国两周的时间里所发生的一切。经历了许许多多人和事,这种不同文化的整个体验对我来说影响深远。我发现哈萨克族或裕固族的服装与波兰巴洛克式时尚有一些相似之处,这在一定程度上表明了东西方之间长久以来的相互影响和文化交流。我们遇到的每个人都非常善良、热情和开放,这让这场全新的文化之旅变得轻松愉悦和引人入胜。我尤其要感谢上音的学生为我们翻译,否则这次旅行在知识方面的收获将会减半!我确信老师们组织这样一次大型的考察付出了大量的努力，对此我也非常感激。

这趟旅行精彩非凡，收获良多，现在我将带着这些收获，来激励自己（进行创作）了。

（原文为英文，由王翩翻译）

结语

　　"大思政课"建设带动艺术类高校思政课程改革,艺术类高校也为"大思政课"建设提供素材和媒介。"大思政课"建设推动传统的理论讲授式的思政教育转变为以学生为主体的生动实践,有效输出爱国情怀、文化自信、社会责任和人文精神等,使学生在思想、认知、情感和行为方面受到正确指引,有效提升思政教育质效。

　　艺术类院校以其专业优势,借助艺术作品的情感共鸣,在舞台与创作的实践中注入红色革命历史和时代文化精神,追求作品的大格局、大情怀、大视野、大目标,逐渐形成具有艺术特质的思政育人模式,促进学生在潜移默化中接受影响。这不仅是思政教育的发展,还给艺术创作发展本身带来积极意义。

　　行走在中国大地,以时代责任讲透时代力量,培育时代新人。上音坚持立德树人根本任务,打造高水平人才培养体系,在全国艺术院校中率先推进课程思政教育教学改革,探索结合专业特色的艺术思政创新模式。时代赋予我们责任,更赋予我们实现价值的方法和动力。相信在一代代教育工作者的不懈探索和努力下,这片时代的热土上将绽放出育人的绚丽之花。

附录

书中部分原创作品乐谱

1. 原创歌曲《沿着您的足迹》

沿着您的足迹

演唱：李嘉乐
词曲：李嘉乐 邱家伟
编曲：李嘉乐 邱家伟

海 纳 百 川　　追 求 卓 越　　上 海 精 神 悠 远 绵　长

开 明 睿 智　　大 气 谦 和　　谆 谆 教 诲 指 引 我 方　向

我 将 无 我　　不 负 人 民　　人 民 把 您 捧 在 手 掌 心

一 心 为 公 一 身 正 气　　带 领 人 民 创 辉 煌 业 绩

为 人 民 理 想　　为 复 兴 希 望　　坚 持 改 革 开 放 恒 心 永 不 动 摇

我 愿　　追 寻 你 所 向　　实 现　　伟 大 复 兴 理 想

2. 原创音乐作品《追梦百年》

追梦百年
Chasing Dreams for a Century

男高音与钢琴
for Tenor and Piano

汤昭智 词
王艺旋 曲

2

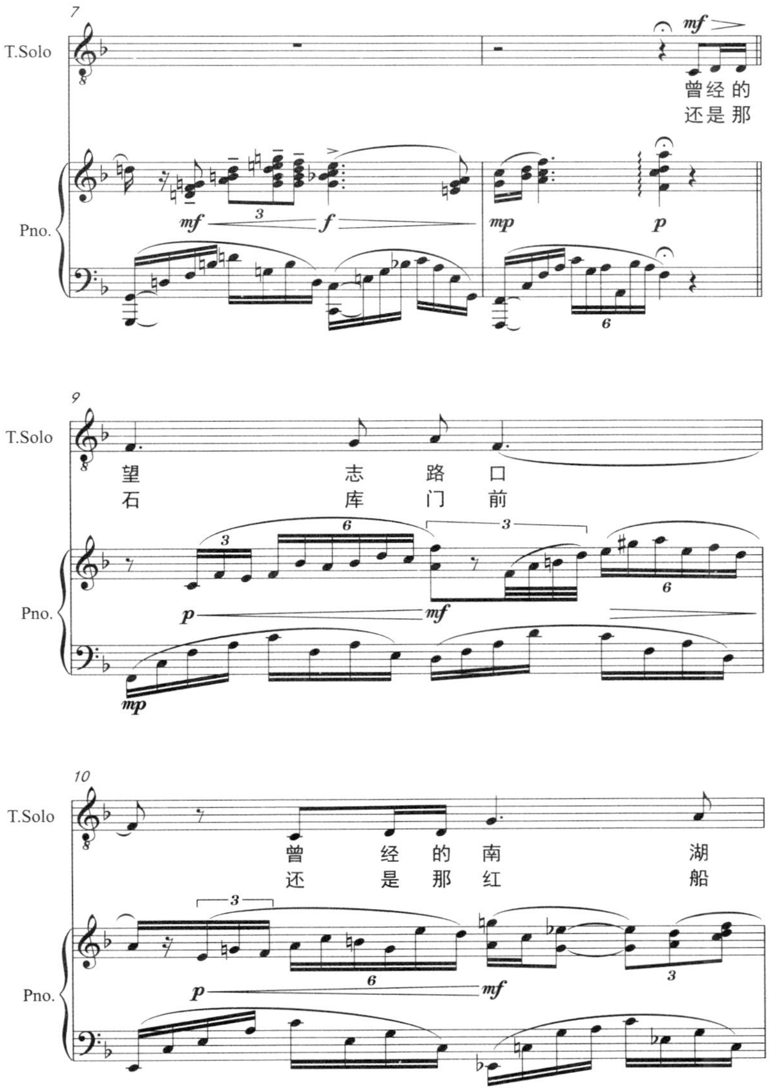
T.Solo
Pno.
mf
曾经的
还是那
望 志 路 口
石 库 门 前
曾 经 的 南 湖
还 是 那 红 船

4
11
T.Solo
mp
码 头 黑
船 头 旭
Pno.
p
mf
12
T.Solo
夜 独
日 相
Pno.
p
mf
13
T.Solo
守 让 星 火
首 把 幸 福
Pno.
p
mf

14
T.Solo
mf
燎 原 九 州
交 予 春 秋
Pno.
p
mf
15
T.Solo
mf
一 个 轰 轰 烈 烈
一 个 欣 欣 向 荣
Pno.
16
T.Solo
新 世 界 崛
新 时 代 见
Pno.
f
p
f

6

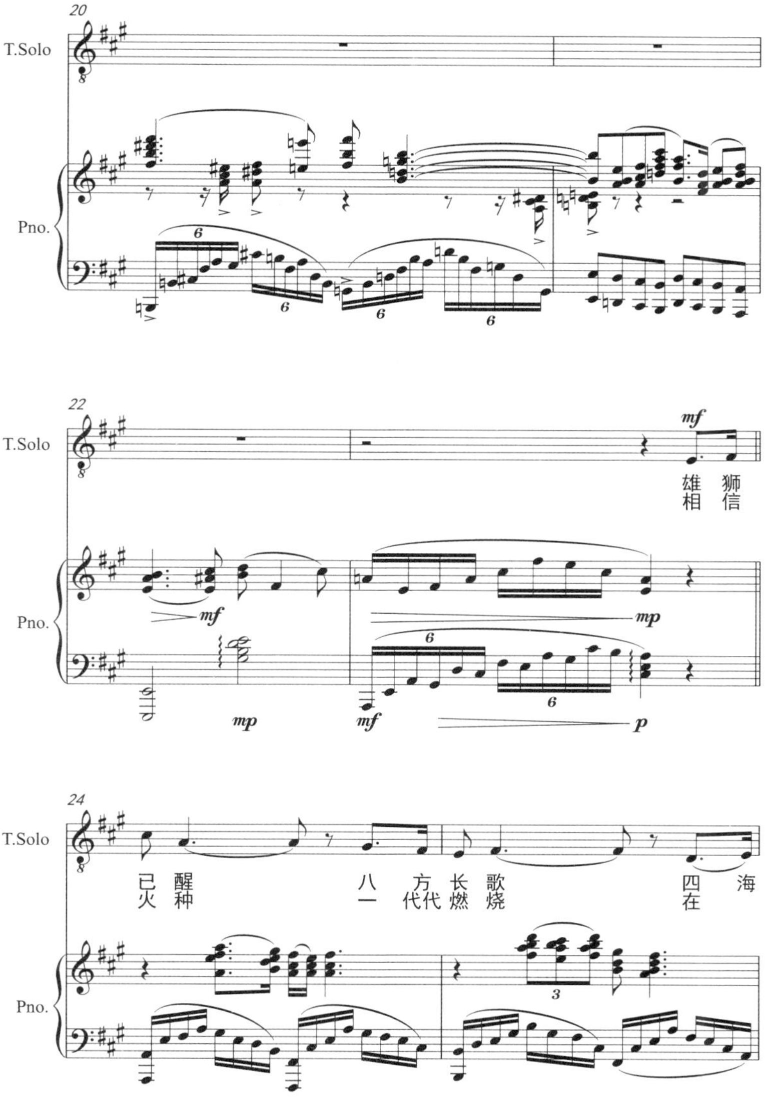
20
T.Solo
Pno.
22
mf
雄 狮
相 信
mf
mp
mp
mf
p
24
已 醒　八 方 长 歌　四 海
火 种　一 代代 燃 烧　在

8

9

10

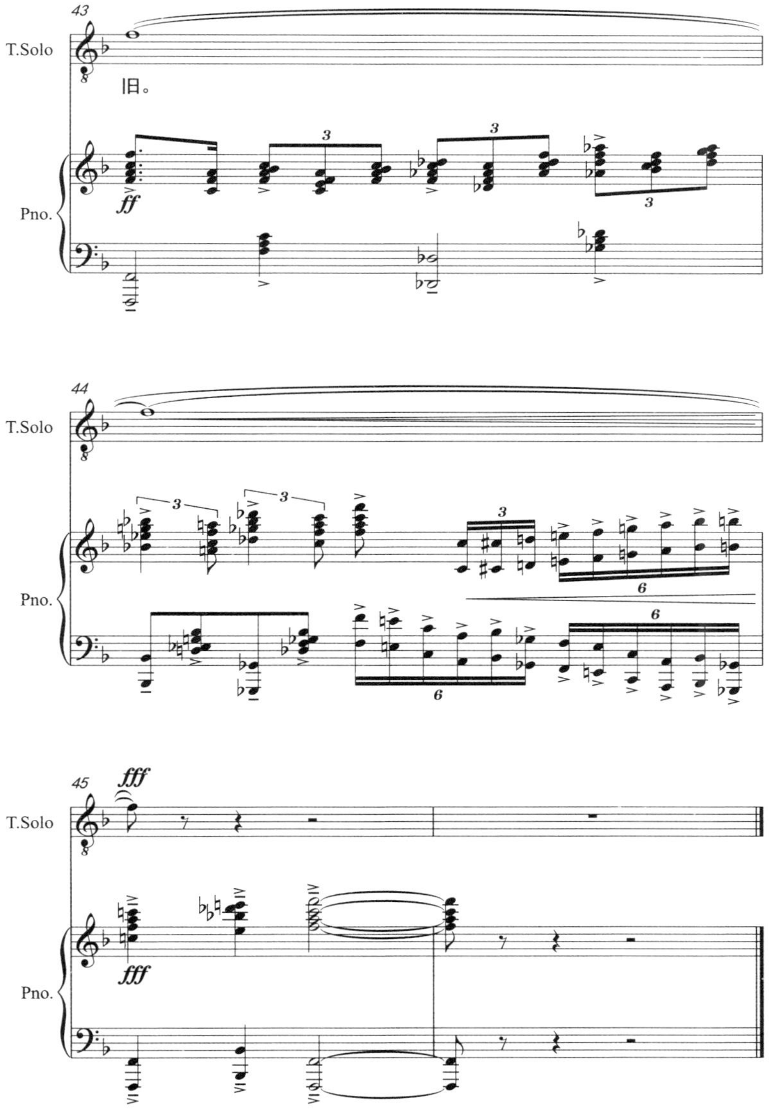
43
T.Solo
旧。
Pno.
ff
44
T.Solo
Pno.
45
fff
T.Solo
Pno.
fff

3. 原创音乐作品《八连颂》

八连颂

作词：毛泽东
作曲：陈亭羽

2

T.
Bar.
C Tpt.
Accord.
Vln.
S. D.
Cym.
几 十 年 拒腐蚀 永不沾 因 此叫 好 八 连 解 放 军
几 十 年 拒腐蚀 永不沾 因 此叫 好 八 连

T.
Bar.
C Tpt.
Accord.
Vln.
S. D.
Cym.
要 学 习 全军民 要自立 不怕压不 怕 迫 不怕刀 不怕戟
不怕刀 不怕戟

21
T.
不怕鬼 不怕魅 不怕 帝 不怕 贼
Bar.
不怕鬼 不怕魅 不 怕 帝 不怕贼
C Tpt.
Accord.
Vln.
S. D.
Cym.

26
T.
奇 儿 女 如 松 柏 上 参 天 傲 霜 雪 纪 律 好 如 坚 壁
Bar.
纪 律 好 如 坚 壁
C Tpt.
Accord.
Vln.
pizz.
S. D.
敲鼓边
Cym.

4

41
T.
Bar.
C Tpt.
Accord.
Vln.
S. D.
Cym.
军 民
军 民
46
T.
Bar.
C Tpt.
Accord.
Vln.
S. D.
Cym.
团 结 如 一 人 试 看 天 下
团 结 如 一 人 试 看 天 下

6

51
T.
谁 能 敌 试 看 天 下 谁 能
Bar.
谁 能 敌 试 看 天 下 谁 能
C Tpt.
Accord.
Vln.
S. D.
Cym.

56
T.
敌 谁 能 敌
Bar.
敌 谁 能 敌
C Tpt.
Accord.
Vln.
S. D.
Cym.

60
T.
Bar.
C Tpt.
Accord.
Vln.
S. D.
Cym.
mf
mp
好 八 连 天 下 传 为 什么 为 什么
好 八 连 天 下 传 为 什么 为 什么
63
意 志 坚 为 人 民 几 十 年
意 志 坚 为 人 民 几 十 年

8

75
T.
不怕刀 不怕 戟 不怕鬼 不怕 魅 不怕 帝 不 怕 贼
Bar.
不怕刀 不怕 戟 不怕鬼 不怕 魅 不 怕 帝 不怕贼
C Tpt.
Accord.
Vln.
S. D.
Cym.
79
T.
好 八 连
Bar.
啊 好 八 连
C Tpt.
Accord.
Vln.
S. D.
Cym.

4. 原创音乐作品《追燕子》

追燕子

2

3

30
悠长地
Vln. I
Vln. II
Vla.
Vc.
mf
arco
arco
staccato
35
Vln. I
Vln. II
Vla.
Vc.
arco
staccato
40
Vln. I
Vln. II
Vla.
Vc.

4
44
Vln. I
Vln. II
Vla.
arco
Vc.
轻快地 ♩=168
49
Vln. I
pizz.
Vln. II
Vla.
pizz.
Vc.
55
Vln. I
Vln. II
Vla.
p
arco
p
Vc.

5

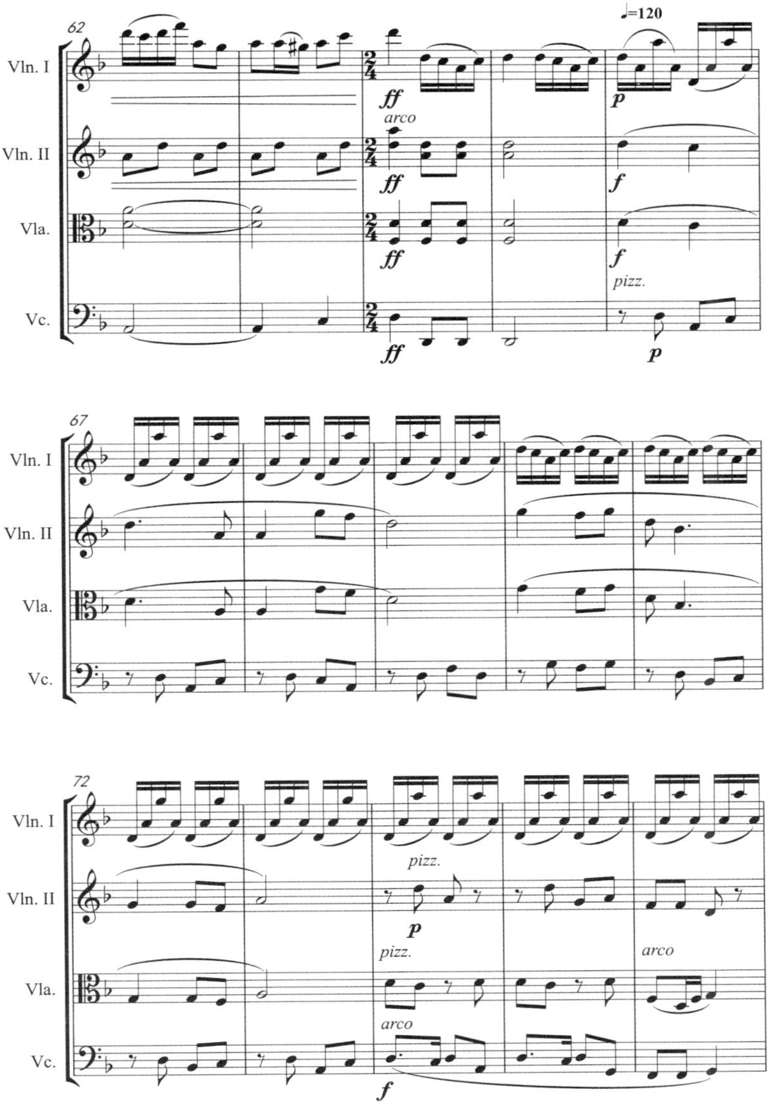

6

95
Vln. I
Vln. II
Vla.
Vc.
cresc.
arco
pizz.
cresc.
102
8va
arco
108
(8)
ff
ff
f
f

8

5. 原创音乐作品《那是你最大的希望》

那是你最大的希望啊

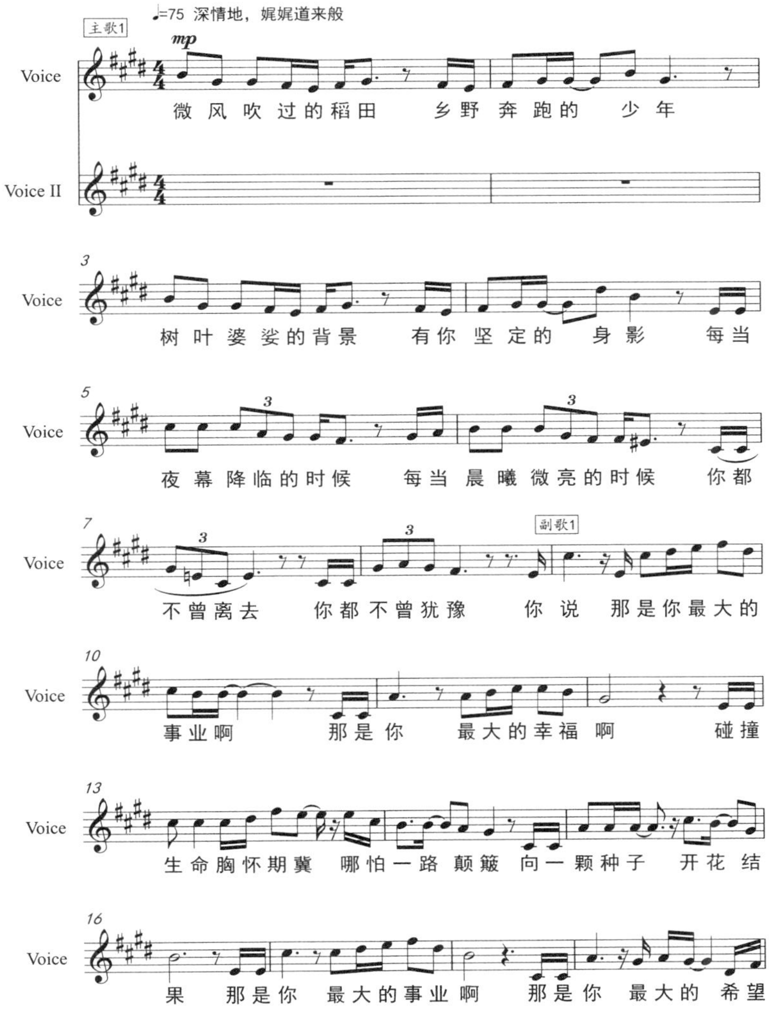

2

主歌2
稍带激昂地 感情更充沛
20
Voice
啊
黄沙漫天的戈壁 一念朝夕的 四季
24
Voice
从不动摇的身影 是你坚毅的 决定 每当
26
Voice
夜幕降临的时候 每当晨曦微亮的时候 你都
28
Voice
副歌3
mf
不曾离去 你都不曾犹豫 你说 那是你最大的
31
Voice
事业啊 那是你 最大的幸福 啊 挣脱
34
Voice
桎梏积以跬步 哪怕现实 束缚 像一朵云朵 举世 瞩
37
Voice
目 那是你 最大的事业 啊 那是你 最大的 希望

（注：41小节除为rap段落，侧重点在于歌者的“腔调”，此段落只做出了大概的音高记谱处理）

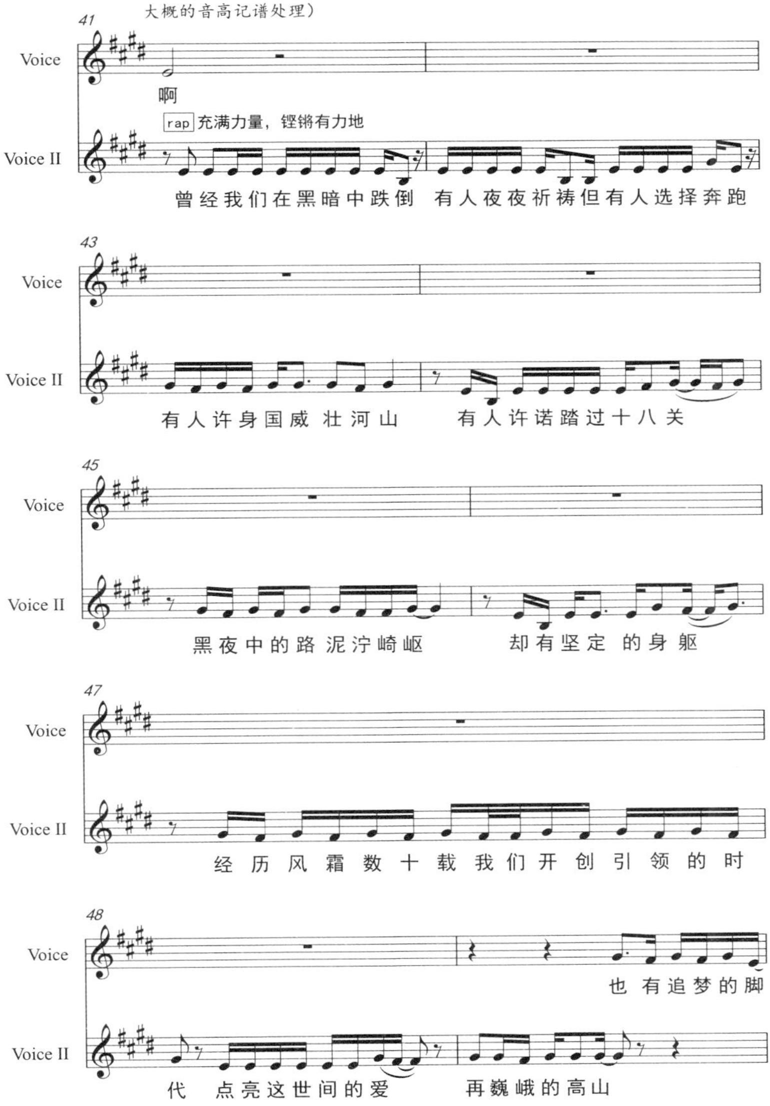

4

后记

　　2023 年，上海"大思政课"建设整体试验区(上海交通大学-闵行区)启动。上海音乐学院作为首批"大思政课"实践教学共建单位之一，有幸参与其中。在项目推进的过程中，上海交通大学马克思主义学院发起新时代"大思政课"系列丛书的编纂工作，梳理"大思政课"建设的优秀案例，总结育人规律，提炼建设经验，这为本书的撰写提供了契机。

　　对于"行走""音乐"和"思政"如何有机融合的思考，是从我入职上音伊始就始终萦绕在怀的一个话题。作为一名历史地理学出身又在音乐学院开展理论教学的老师，我时时在想：我的学生们会是一个什么样的群体？他们希望在课堂上听到什么样的内容？他们对当前的课堂教学方式有着怎样的期待？……随着与学生的接触愈深，我愈发明显地感受到音乐学院学生身上单纯又感性的一面，他们会在老师徐徐道来道理与故事后由衷地点头，会在参观脱贫攻坚成果展、看到凉山民众为习近平总书记自发唱起彝族《留客歌》的纪录片时潸然泪下，也会在杨浦滨江自信地唱响新时代的经典作品《领航》……这让我意识到，对音乐院校开展"大思政课"的育人要求本身就蕴含在学生的思政理论教育、专业教育、艺术创作、文艺演绎和音乐研究各种具体实践环节当中。在这一意义上，"大思政课"的育人理念既是培育拔尖创新音乐人才的价值引领，亦是音乐人才成长规律的内在要求。

音乐作为人类情感的共鸣器，自古以来便是传递思想与情感的桥梁。音乐以其独特的方式触动人心，激发情感，直接地唤起人们对一个地方、一种文化的环境感知和情感记忆，从而成为一种文化景观要素。好的文艺作品像蓝天上的阳光、春季里的清风一样，能够启迪思想、温润心灵、陶冶人生，具有重要的美育意义。因此，本书聚焦艺术春风化雨般的"感染"作用，特别是以举旗帜、聚民心、育新人、兴文化、展形象为使命任务的艺术作品所具有的引领力和教育力，探索音乐等艺术形式在思政教育中发挥作用的理论基础与实践路径，分享具体的教学案例和实践案例。本书不是关于"音乐思政"的严肃"教材"，而是理解新时代艺术院校思政教育的一个线索。我期望读者能够通过这本书感受到音乐的力量，理解艺术教育与思政教育有机融合的显示路径，并在实际工作中开辟各具特色的"大思政课"建设方向。

在本书的撰写过程中，我有幸得到了许多人的帮助和支持。首先，感谢上海交通大学马克思主义学院，感谢邢云文教授、周凯教授等前辈组织发起这套丛书的编撰工作。他们出于对"大思政课"建设的专业思考搭建平台，出于对青年后辈的关爱给我参与撰写的机会，让我得以系统学习、梳理和总结相关实践经验与成果。感谢认真阅读书稿并提出宝贵意见和建议的专家们，特别是上海师范大学孔令帅教授、上海外国语大学门小军教授和上海音乐学院伍维曦教授于百忙之中详细阅读文本，从总体框架调整到个别字句斟酌都给出了专业又富有建设性的建议，让这本小书变得框架清晰、文字可读。

此外，我要感谢上海音乐学院的诸位领导与同事们，特别是上海音乐学院组织部汤隽杰，上海音乐学院马克思主义学院的张卓、李敏、徐宇宏、黄静，数字媒体艺术学院的尹晓楠、毕盈盈、艾尼瓦尔·瓦吉丁，艺术管理系的成啸，音乐教育系的唐俊婷，音乐戏剧系的乐偌真等教师。他们或在撰写思路上热心给予学术指导，或毫无保留地提供个人在思政课教学、课程思政建设和学生工作案例等方面的优秀成果。张卓老师出于信任把本书的撰写任务交给我，鼓励我勇于尝试，并提供了丰富的"行走的音乐思政"案例，让本书有了基本的框架与内容。感谢每一位关心和支持本书撰写工作的老师，本书对"行走的音乐思政"的论述与总结成果得益于他们的帮助。

感谢我的学生们，特别是数字媒体艺术学院的王若航、肖涵、胡泽赟、陈楠栖、陈一晓、黄昊、段斯特等人。我们一起在四川凉山开展社会实践时思考数字媒体艺术如何赋能红色文化并推动中华优秀传统文化传承发展，积累了大量创作素材，也交流产生了多样的创作灵感。曾经在我班上学习过的同学们也为本书提供了美妙的原创音乐作品与精美的艺术作品，他们是李嘉乐、邱家伟、王亦璇、陈亭羽、王浩然、于大有、杨泽昊、张津铭、李嘉璇、金典等。正是因为有了这样一批思维活跃、专业扎实的青年学生，用辛苦创作把奇思妙想变为可听、可看、可感知的作品，才为本书提供了精彩的影音画融合创作案例。

我还要特别感谢在本书出版过程中辛勤工作的上海交通大学出版社的诸位编辑，特别是黄婷蕙老师在出版过程中与我反复沟通，对或大或小的问题都耐心、细心地给予修改建议，为我提供了宝贵的启示和参考。

　　"行走的音乐思政"是一场永远在路上的旅程，本书只是这个旅程中的一个短暂歇脚。在编写图书的过程中，我一边思考如何将个人的专业所长与教学教法相结合，一边熟悉学生的性格特征与成长规律。这本小书的撰写过程也是我自己思考、实践、总结、成长的过程，因此难免充斥着我的个人思考甚至是阶段性的粗浅理解。如果书中有不当的地方，请各位读者批评指正。我期待与各位读到这本书、关心"大思政课"建设的同仁一起，继续探索、学习和成长。感谢您选择这本书，希望它能为您增添一份思考和感悟。

王　翩